［美］丽贝卡·范宁 著
（Rebecca A. Fannin）

张慧玉 张丹琦 戴颖 译

中国创新力量

TECH TITANS OF
CHINA

How China's tech sector is
challenging the world
by innovating faster, working harder,
and going

中信出版集团｜北京

图书在版编目（CIP）数据

中国创新力量 /（美）丽贝卡·范宁著；张慧玉，张丹琦，戴颖译. -- 北京：中信出版社，2023.6
书名原文：Tech Titans of China
ISBN 978-7-5217-5220-5

Ⅰ.①中… Ⅱ.①丽… ②张… ③张… ④戴… Ⅲ.①技术革新－研究－中国 Ⅳ.① F124.3

中国国家版本馆 CIP 数据核字 (2023) 第 022123 号

Copyright © Rebecca A. Fannin 2019
First published in 2019 By Nicholas Brealey Publishing
An imprint of John Murray Press
An Hachette UK company
Simplified Chinese Translation Copyright
© 2023 by CITIC Press Corporation
All Rights Reserved
本书仅限中国大陆地区发行销售

中国创新力量
著　者：［美］丽贝卡·范宁
译　者：张慧玉　张丹琦　戴颖
出版发行：中信出版集团股份有限公司
　　　　　（北京市朝阳区东三环北路 27 号嘉铭中心　邮编　100020）
承印者：北京诚信伟业印刷有限公司

开　本：880mm×1230mm 1/32　印　张：9　字　数：220 千字
版　次：2023 年 6 月第 1 版　　　　印　次：2023 年 6 月第 1 次印刷
京权图字：01-2020-5214　　　　　　书　号：ISBN 978-7-5217-5220-5
定价：69.00 元

版权所有·侵权必究
如有印刷、装订问题，本公司负责调换。
服务热线：400-600-8099
投稿邮箱：author@citicpub.com

这本具有里程碑意义的书探讨并解释了中国如何快速定义商用技术的未来。

——麦健陆，麦健陆顾问公司董事长兼首席执行官、
《十亿消费者：来自中国商场第一线的经验》作者

《中国创新力量》是一本引人入胜的书，这本书可以让我们迅速了解谁是中国科技领域的主要参与者以及中国科技企业如何挑战其美国对手。

——艾鼎德，保尔森研究所公关总监、
《新闻周刊》驻香港分社前社长

很少有人比丽贝卡·范宁更了解作为美国竞争对手的中国是如何崛起的。《中国创新力量》清晰地展示了这场竞争。

——哈里·埃德尔森，美国知名风险投资人、
《积极的力量》作者

丽贝卡·范宁做了一件伟大的事情——为我们揭开了中国科技界的神秘面纱。

——克雷格·艾伦，美中贸易全国委员会会长

这本优秀的书详尽地介绍了中国科技实力，非常有参考意义。

——施荣恩，《中国宏观经济与金融体系》作者、
哥伦比亚大学商学院教授

这本生动有趣的书引导我们探秘中国的科技丛林。在美国和中国成为科技竞争对手的情况下，这本书是理解危机的关键所在。

——何立强，麦克拉迪协会高级主任、
美中关系全国委员会前会长

这本书对于任何关心未来 10 年科技发展方向的人来说，都是重要的参考书，它向我们介绍了中国生态系统的参与者及其运作方式。

——罗伯特·斯科布，未来主义者

丽贝卡·范宁的《中国创新力量》为我们所有人提供了一个近距离观察这一充满活力和不断发展的大国的贵宾席位。

——布莱恩·科恩，纽约天使基金名誉主席

丽贝卡·范宁对中国科技和创新崛起深刻而及时的分析，使得这本书成为值得每一位企业家和投资人拥有的重要书籍。如果你想了解中美贸易摩擦的利害关系，以及它将如何影响你所在的行业，那么现在就去读这本书吧。

——乔恩·米德维，众筹风险投资公司 OurCrowd 首席执行官

要了解中国领先科技公司的创业动态和商业创新模式，以及它们在走向全球化的过程中将如何改变世界，这是一本重要的书籍。

——黄宝金，新加坡国立大学商学院教授、
新加坡国立大学创业中心高级主任

对于我们这些身处美国的人来说，丽贝卡·范宁为观察中国"新经济"的参与者提供了一线视角。

——蒂姆·弗格森，《福布斯》杂志亚洲版前编辑

全球创新专家、"中国大师"丽贝卡·范宁写了一本精彩绝伦、信息翔实、令人信服且引人入胜的书，这是一本重要的参考书。

——杰里·哈尔和里卡多·恩斯特，
《新兴市场创新》作者，分别为佛罗里达国际大学教授和乔治敦大学教授

《中国创新力量》为我们呈现了一个非常清晰、具体的"中国创新101",并展示了中国科技巨头如何创造自己的科技世界。

——杨珮珊,《中国互联网报告》作者,

风投基金 Proof of Capital 和 500 Startups 合伙人

如果你关心创新的未来,那么这绝对是一本重要的书籍。

——迈克·格兰迪内蒂,

罗格斯大学"领先颠覆性创新"项目执行主任;

麻省理工学院企业论坛创业者项目成员;

霍特国际商学院创业、创新与营销系全球教授

无论大家对于中国的政策持有什么争议,所有人都应该相信中国的民营企业是富有创新性的。丽贝卡·范宁的这本书来得非常及时。

——肖恩·伦道夫,

美国旧金山湾区理事会经济研究所高级董事

这是一本令人大开眼界的书。

——维韦克·瓦德瓦,

卡内基梅隆大学工程学院教授、杰出学者

献给我身边和远方的家人，以及硅谷龙全球社群

目 录

前　言 / 001

在过去20年里，中国的"硅谷"已经发展成为一个有望在未来占据主导地位的全球科技领导者。从模仿到原创，中国的科技巨头正以与西方匹敌的速度，在科技创新的道路上不断前行。

第一部分　中国的互联网企业积极研究新技术

第一章　百度、阿里巴巴和腾讯的发展 / 003

中国科技巨头百度、阿里巴巴和腾讯（合称BAT）在中国坐拥搜索引擎、电子商务和社交网络三大领域，正在稳步开创前沿技术，这些技术将重塑全球金融、零售、运输和移动通信等行业。

第二章　中国科技企业的壮大 031

尽管中美贸易摩擦和未来科技领导地位的竞争日益激烈，但中国的科技巨头正在努力通过收购尖端数字初创公司不断壮大自身的力量。

第三章　新一代中国科技企业迅速发展 / 053

中国的科技后起之秀紧跟 BAT 的步伐，凭借能与苹果抗衡的智能手机、联网智能家居、随叫随到的外卖点餐服务、精彩的短视频，以及人工智能技术支持的新闻传播，引领着中国科技的未来。

第四章　美国公司积极学习中国企业前沿技术 / 089

很少有美国互联网公司能够在中国的"长城"后面取得成功，但星巴克、爱彼迎和领英都在不断努力地借鉴中国本地团队聪明的数字化策略。

第二部分　中国的"硅谷龙"风险投资者

第五章　中国的风险资本市场蓬勃发展 / 117

在中国，炙手可热的风险资本市场已经崛起，几乎达到了美国的水平，它们不再需要从加州的沙山路借鉴经验。中国顶尖风投公司开始投资达到独角兽估值的企业，这是一项能够改变"游戏规则"的创新，并会取得出色的成绩。

第三部分　中国具有竞争力的关键市场领域

第六章　人工智能的对决 / 157

中国和美国正在争相占领重要的人工智能市场。中国可以凭借其数据优势，更快地推出自动驾驶汽车、服务于公共安全的人脸识别系统，以及服务于金融科技、教育科技和医疗保健领域新创企业的人工智能技术，最终超越美国。

目 录

第七章 共享经济 / 173

在中国蓬勃发展的共享经济中，新创共享单车企业 OFO 的发展历程非常坎坷，而叫车行业领头羊滴滴出行则表现出色，成功击败了来自美国的优步。而后，共享雨伞、共享移动电源，甚至共享厨房纷纷涌现。

第八章 电子商务社交化 / 187

就在你认为电子商务不再新鲜的时候，一款集购物、游戏、社交分享于一体的移动购物 App 拼多多出现了，它在中国欠发达地区非常流行。

第九章 电动汽车的大市场 / 201

在中国购买一辆电动汽车，购买者将免费获得一个牌照、现金补贴，并可自由使用充电站。中国是全球领先的纯电动汽车市场，而挑战特斯拉的蔚来汽车和阿里巴巴投资的小鹏汽车是其市场领导者。

第十章 无人机和机器人的时代 / 219

中国已经开始大量使用无人机和机器人来完成许多人类不能或不想完成的任务。中国的无人机新创企业大疆创新是该领域的全球领跑者，亿航智能公司则拥有一架载客无人机。同时，在深圳的国际硬件加速器 HAX 中，生产机器人吸尘器和窗户清洗机的新创企业也在快速发展。

后 记 中国创新企业的未来 / 233

中国在全球科技经济中的巨大飞跃对美国及其未来领导地位意味着什么？

超级大国美国和中国正在争夺高新技术的全球主导权。这是一个关键的时刻,没有哪个国家能够永远掌权。

致 谢 / 237

注 释 / 239

前　言

在过去 20 年里，中国的"硅谷"已经发展成为一个有望在未来占据主导地位的全球科技领导者。从模仿到原创，中国的科技巨头正以与西方匹敌的速度，在科技创新的道路上不断前行。

"你用微信吗？"总是有人问我这个问题。没错！我经常使用微信，在中国时用，在硅谷期间有时也用，这是我与"硅谷龙"论坛[①]的中美企业家、风险投资人最便捷的联系方式。你可以用这款来自中国的超级 App（应用程序）进行群聊或者一对一聊天、向同事转账、支付账单、申请贷款、买电影票、寻找附近的朋友、进行网络购物，以及发布视频、文字、照片等。你不再需要名片，只需和对方交换手机上的二维码就可以建立起联系。微信的创新性极强，是一款集脸书（Facebook）、推特（Twitter）、Skype（一款即时通信软件）、瓦次普（WhatsApp）、照片墙（Instagram）和亚马逊的功能于一体的超级 App。

[①] 硅谷龙（Silicon Dragon），由本书作者于 2010 年发起成立，旨在为全球新兴科技创新中心提供见解。——译者注

微信在全球拥有超过 10 亿用户，无论是办公还是娱乐领域都很难找到可以与之匹敌的对手。位于旧金山的风险投资人仅通过微信就可以完成远在北京的投资意向书。在深圳的会议上，用户只需要用手机扫描微信二维码就能瞬间与一位来自旧金山湾区（以下简称"湾区"）的投资人建立联系。在中国，现金和电子邮件几乎成了过去时。

除了微信，还有许多"中国创造"正以西方国家少有的先进方式革新着未来：中国电商企业拼多多使手机网购变得极具社交性和趣味性；抖音 App 的流媒体视频不仅为青少年带来了欢乐，也让一些主播一夜成名，它是继 YouTube（一款美国的影片分享软件）和照片墙后又一个产生类似效应的平台；世界上极具价值的人工智能初创企业之一——商汤科技，将人脸识别技术用于城市街道上的公共安全检查；中国的电动汽车制造商蔚来有可能会打败特斯拉，占领中国本土市场。

中国通过建立自己的科技帝国来制衡美国长期以来的科技霸主地位，在移动支付、电子商务、电动汽车和直播等领域已遥遥领先。但在其他一些高科技领域，比如半导体芯片等方面，中国最好的企业尚不是美国制造商的对手。

中国曾在较长时间内模仿西方技术，但如今情况已经改变：中国先于美国成为首个使探测器在月球背面着陆的国家；上海与作为南方科技中心的深圳实现了公交车队的纯电动化；中国的机器人牙医首次将 3D 打印牙齿植入患者的口腔；人脸识别系统在十字路口捕捉乱穿马路的行人，并通过微信向他们发出警告；灯柱传感器收集并向政府相关部门传送大气污染数据,当污染过于严重时,政府会建议人们待在室内;中国耗资近200亿美元建造了连接香港、澳门和珠海的港珠澳大桥,这是目前世界上最长的跨海大桥。

在中国,科技创新者干劲儿十足。中国科技在不断进步,中国经济也有望重回昔日的世界领先地位。对美国商界和政界领导人来说,忽视中国已不是明智之举。中国的创业热潮并没有减退的趋势。尽管其贸易和技术领导力问题在不断加剧,但中国从未停止加速创新。在科技创新领域,中国的"规则改变者"已经赶上其至超过了美国。在高速发展的数字市场上,美国若无法正视这一转变,就会被这个快速发展的对手超越。

在过去,若预测中国会赢得科技竞赛会被认为是可笑的。但自从我写《硅谷龙:中国如何打赢高技术竞赛》这本"中国硅谷"首部编年史[1]开始,到现在的短短10多年时间里,这个世界第二大经济体及其不断扩张的科技帝国再也不能被低估了。

如今,中国年轻人心中的榜样是百度的李彦宏和腾讯的马化腾,而不是亚马逊的杰夫·贝索斯、脸书的马克·扎克伯格或苹果的史蒂夫·乔布斯。

中国正在前沿技术领域快速创造一项又一项新技术,例如人工智能、生物技术、绿色能源、机器人学和超高速移动通信。在影响力堪比谷登堡印刷机发明的5G(第五代移动通信技术)领域[2],中国也力图做到世界领先水平。

中国坚定地发挥科技的杠杆作用,不断对国家经济的大范围扩张进行新的构想和塑造,包括交通、商业、金融、医疗保健、娱乐和通信等领域。今天，中国消费者对新产品的需求越来越大，越来越多的人愿意花重金购买苹果手机。

多年来，中国的科技巨头一直在激烈竞争并在本土市场上占据了主导地位。现在，在掌握硅谷的成功秘诀后，它们雄心勃勃，渴望利用自身的专业知识、资本和规模，成长为影响世界的科技"巨龙"。中国的科技巨头登上了世界舞台，并得到了华尔街、"缅因街"、学术界以及媒体的认可。中国人已经或正在下述领域取得成功：

- 与沙山路（硅谷风险投资公司汇集地）的风险投资公司共同投资收购美国尖端创业公司，并将业务拓展到东南亚地区和以色列，以抗衡美国的主导地位；
- 在国内快速追踪和推广西方企业正在使用的创新商业模式，包括虚拟礼物、社交商务、由人工智能驱动的新闻和视频App、一站式超级App等；
- 为移动支付、网上购物、快递、游戏和视频等建立巨大的消费者及企业生态系统，防止后来者渗透这些领域；
- 掌握并使用智慧城市、智能家居、智能工作场所和智能汽车技术；
- 拓展电动汽车、自动驾驶、跑腿机器人的未来前景，并将人工智能与大数据相结合，以改善对癌症的诊断和护理状况。

在当今这个以技术为核心的世界，中国改变了以往的形象，不再是西方互联网和移动品牌的低成本生产商和模仿者，转而成为颠覆性技术创新者的土壤，而这些都是自18世纪和19世纪工业革命以来前所未有的技术。马可·波罗曾对中国元朝的财富、权力及琳琅满目的异国商品惊叹不已，如今，中国经济的规模、创新、执行速度及其复兴国家、重现昔日光华的决心都无可匹敌。历史上，中国人固有的发明天赋为人类带来了丝绸、火药、纸、指南针、活字印刷和算盘，而未来，他们将为世界创造更多的可能。位于北京、上海、深圳和杭州的创业集群正在向美国的硅谷、"硅滩"和"硅巷"发起挑战，就未来工作、娱乐、生活和交流领域的创新能力、创新速度和商业化能力等方面一决高下。

中国的科技创新第一次快速领先于硅谷，下面是一些例子：

- 脸书的私人群组功能模仿了腾讯广为使用的社交通信App——微信。
- 来自中国深圳的无人机制造商大疆创新（以下简称"大疆"）是同类品牌中做得最好的，也是世界市场的领导者。
- 阿里巴巴的"新零售"将数字技术和机器人技术引入市场，使购物变得比在亚马逊和沃尔玛更方便、更高效。
- 华为的高端智能手机在功能和成本上比苹果手机更有优势。尽管由于所谓的安全问题，中国手机实际上在美国被禁用，还面临安卓系统难以更新的问题，但华为手机依然在全球广受欢迎。
- 苹果公司复制了中国智能手机制造商小米的商业模式，在手机上增加了订阅内容。
- 乘坐中国初创企业亿航的私人无人机，乘客可以像动画片《杰森一家》里的场景一样实现短途飞行。
- 中国兴建的电动汽车充换电站迅速扩大了电动汽车的驾驶范围，并且驾驶员根本不需要自己动手更换电池，这在美国还没有成为主流。
- 中国的微信支付和支付宝在支付的实用性和接受度上打败了苹果支付和谷歌支付。
- 餐饮外卖（按需点餐并用电动车快速送餐）的方式正在取代餐馆用餐和家庭烹饪，这一趋势也逐渐蔓延到美国。
- 在中国，通过微信发信息和聊天的方式几乎已经取代了电子邮件和电话。

在中国日新月异的数字市场上，新的商业思路和网络潮流会迅速流行起来。一群浮躁不安又特立独行的年轻人对于一款手机 App 的新鲜感可能只能保持大约一周时间。[3] 在中国，灵活聪慧的"千禧一代"和"Z 世代"——大多处于十几岁到三十几岁之间的人口占比明显高于美国。因此，中国人对新技术的接受和应用十分迅速。[4] 例如：

- 中国的通信 App 微信只用了 3 年时间就使用户覆盖了半个中国，如今，几乎所有中国人都有微信。
- 在中国蓬勃发展的流媒体视频市场上，向线上内容创作者、名人和关键意见领袖赠送虚拟礼物已经流行了好几年，而这个概念直到近几年才在美国流行起来。
- 中国的共享单车业务起源于北京和上海，而在一年多后，共享单车才开始出现在西雅图、旧金山和华盛顿特区。
- 芝麻信用评价体系以个人财务状况为基础，参照支付宝账户余额、线上好友数量和影响力、账单付款及时性等数据来为个人信用打分，信用分数可以用于个人信贷和享受一些社会福利，比如使用机场休息室的贵宾服务等。中国较宽松的数据隐私规则和"老大哥"式的监控系统也可适用于其他国家（但可能不包括美国）。
- 阿里巴巴的购物 App 可以通过人脸识别技术识别出新车购买者，并从一个 5 层楼高的无人自动售货机上取车，这在美国底特律还无法实现。
- 顾客可以通过 App 点咖啡，而且只需要额外支付一小笔费用，就会有配送员骑着电动车，按照人工智能计算出的最快路线，把装在防漏杯子里的咖啡精准送达。而在纽约，骑自行车配送仍是常态。
- 应用程序可以从智能手机上收集数据，比如电池使用寿命和未接来电频率，从而计算出个人的信用值，并自动向未办理银行卡的用户发放小额贷款。而在美国，这种行为会被隐私法禁止。
- 中国政府正在全国各大城市建设电动汽车超级充电站，而在美国，超级充电站的使用仍然十分有限。
- 在中国，短视频 App 深受偏远地区劳动者的喜爱，而在美国，互联网还没有完全覆盖阿巴拉契地区。

在2000—2021年，我一直密切地观察和记录中国企业的发展情况。我发现一种更敏捷的创业文化在中国兴起，它比硅谷规模更大、发展更迅速。我经常长时间穿梭在中国各大孵化器、加速器、创业会议、研讨会和社交活动中，包括在北京、上海、香港和台北举办的"硅谷龙"论坛。这些活动促进了企业家之间的交流，也帮助许多初创公司成长起来。在中国，我认识和采访了有远见、有胆识的风险投资领袖，以及足智多谋、发展迅速、一鸣惊人的企业家。我见证了风险投资和科技生态系统从最初的中关村软件园基地向全中国的推广——中关村紧邻北京著名科技强校清华大学。亲身经历并讲述关于中国科技经济未来的故事，是一件很棒的事情，从西方新闻工作者的角度来看尤其如此。

"中国将吃掉硅谷的午餐，虽然我也不想这么说，但随便选择一个领域，中国总是那个正确答案。可以说，一部分原因是中国政府的保护，但归根结底，是因为中国企业家比美国企业家更加努力地工作；而且，资金条件同等充裕的中国有着4倍于美国的人口，当这个国家的国内消费市场达到中产阶级水平时，规模将是美国市场的4倍。"这是启明创投创始主管合伙人加里·瑞斯彻坚信的观点，这家公司活跃于中美投资领域。他指出，中国在生物技术方面的成就与美国不相上下，并且中国将不可避免地主导电动汽车和自动驾驶市场。"如果中国在市场规模、

> 中国将吃掉硅谷的午餐，虽然我也不想这么说。
>
> ——加里·瑞斯彻
> 启明创投创始主管合伙人

大学毕业生数量和基础设施建设等方面的发展势头不变,那么10年之后,我们讨论的问题将是'如何拯救硅谷的创业精神'。"

瑞斯彻在上海工作和生活了8年,一直身处中国技术密集型环境的第一线,他深知推动中国在全球科技竞赛中获胜的关键因素,即中国坚决果断的工作狂企业家能够以最快的速度将新技术商业化;中国人热衷于尝试研发最新的App、游戏、支付服务、社交媒体和网上购物方式;风险投资人为人工智能、自动驾驶汽车、电动汽车电池、生物技术、机器人学、无人机、增强现实和虚拟现实等领域的前沿创业公司提供资金;中国有全球最大的互联网、智能手机、电子商务和移动支付市场,庞大的数字市场能够迅速推进新技术的主流化。不要眨眼,否则你将错过这个对美国来说日益严峻的科技挑战。

去中国看看吧!中国的高速铁路、连接大城市的多车道高速公路、大桥、新机场、摩天大楼、闪闪发光的购物中心、宫殿般的企业园区和经过专业设计的共享办公空间,都会令你印象深刻。中国干净而现代化的中央商务区使纽约、旧金山和洛杉矶的中心城区看起来肮脏而陈旧。我还记得过去的一些画面:一台台起重机点缀着上海和北京的城市景观,一辆辆牛车从农村进入北京城,一家家互联网初创公司被安置在肮脏的无电梯大楼里。而如今,这些初创公司基本搬入了超现代化的企业园区。曾经,北京只有几家西式酒店,现在,希尔顿、凯悦和万豪等集团都在那里开有多家豪华酒店。不久之前,友谊商店还是中国唯一可以买到花生酱的地方,而今天,麦当劳和肯德基已经随处可见,还可以在购物中心买到耐克鞋和名牌手袋。我记得自行车曾是中国人出行的主要方式,也记得中国新车主造成的交通拥堵曾使我花了两个小时才到达城市的另一端赴约。现在,中国的街头满是共享单车和电动自行车,十字路口的人工智能监控摄像头可以监测交通流量、收集数据并跟踪行人。一批建筑奇观纷纷涌现,比如北京中央电视台总部大楼、上海环球金融中心、为2008年北京奥运会而建造的鸟巢状的国家体育场。在硅谷,以前很少有人想知道中国在如何追赶西方,而如今,这种讨论变得越来越多,而且发达国家的人是以一种担忧的心态在讨论这件事的。

在过去的几十年里,中国这个世界第二大经济体,已经将其核心的长期经济战略从制造和出口,向消费品以及如今的技术自主转移。尽管中国未来会在许多先进技术领域具有领先优势,但在半导体等基础技术上,仍要依赖外国高端技术。[5] 目前,中国正肩负着缩小这一差距的使命。

从复制跨越到被复制

在20年左右的时间里,中国的技术创新已经经历了3个发展阶段:从把技术复制到中国,到在中国发明,而现在,复制中国是大势所趋,这意味着美国公司也在模仿中国的创新。

中国第一代互联网企业家曾毫不掩饰地复制了成功的美国初创企业,包括雅虎、亚马逊、脸书、谷歌和eBay(一个可以让全球居民在网上买卖物品的线上拍卖及购物网站)。这与当

前　言

时知识产权保护力度不够有一定的关系。现在，中国的技术专家用原创的颠覆性创新打破了国界，把创新成果带到海外，让西方模仿。2008年我写的《硅谷龙》一书首次出版时，中国互联网公司被视为谷歌、脸书、You Tube和亚马逊的复制者，现在却不再是。

今天，中国专为"移动优先一代"打造的商业模式已经得到了发展和广泛应用，产品包括多功能超级App、移动钱包、移动团购、移动视频和流媒体、移动阅读、无须编辑的移动新闻App等。通过把各种社交分享功能添加到App中，这种"屏幕即世界"的生活方式得到了实现和发展。

世界上没有任何一个国家的创业热情能与中国相提并论。中国企业的创始者孜孜不倦、坚持不懈，他们不怕失败，只怕错过。接受过斯坦福、哈佛、普林斯顿、耶鲁等西方精英大学教育的企业家和风险投资人，还有受训于麻省理工学院、加州理工学院、加州大学伯克利分校和卡耐基梅隆大学等国际顶尖工程院校的华人博士，纷纷回到中国开创自己的事业。他们从美国知名科技公司招募具有国际经验的管理人才，以推动中国企业从北京向全球扩张。中国的创业团队通常一周工作6天，每天工作12小时，也就是中美科技圈中常说的"996"，即从早上9点工作到晚上9点，一周工作6天。这让人想起20世纪90年代末互联网热潮时期硅谷人的通宵奋斗，而那时中国的创业热潮才刚刚拉开序幕。风投行业领军者纪源资本在门洛帕克的管理合伙人童士豪表示："中国和美国的经济发展情况及驱动力各不相同。中国的创业文化确实让硅谷显得昏昏欲睡。"对此,顶尖风投公司红杉资本中国基金的合伙人迈克尔·莫里茨也表示同意。他认为,相比于那些每周工作80个小时的中国企业家,美国的硅谷同行看起来懒惰且自负。

> 中国的创业文化确实让硅谷显得昏昏欲睡。
>
> ——童士豪
> 纪源资本管理合伙人

因为工作,我已去过中国不下 100 次。在中国的时候,我的周末经常是在北京或上海参加早餐或午餐会议。要知道这在硅谷十分罕见,在那里,周末是要用来滑雪、打高尔夫球、玩帆船或在金门大桥上散步的。

需求是发明之母,究竟是什么推动着今天的中国全速迈向全球科技领先地位?

- 中国政府 2016—2020 年的"十三五"规划中指出,为促进经济发展,要加速自主创新、大众创业和科技专利研发,使中国到 2020 年成为创新型国家,到 2050 年建成世界科技创新强国。
- 《中国制造 2025》是一份由国家主导的蓝图,旨在通过将国内企业打造成具有全球竞争力的技术领先企业,并在机器人学、新能源汽车、生物技术、电力设备、航空航天和新一代信息技术等领域获得技术领先地位,来缩小与发达国家之间的差距,这意味着一切都要做到最好。[6]
- 中国的"互联网+"战略旨在帮助中国企业在移动互联网、大数据、云计算和物联网等领域成为世界一流的竞争者[7],

其中重点通过互联网和大数据来优化医疗、制造和金融业[8]。
- 中国国家主席习近平提出"一带一路"倡议。这一倡议可能超越美国针对第二次世界大战后的重建提出的马歇尔计划，促进中国与"一带一路"沿线国家和地区的经济一体化，刺激对中国的产品需求，加速相对落后的西部省份的发展。
- 由国家领导的规模达150亿美元的"中国新时代科技基金"被用于投资初创企业和尖端技术[9]，也可以从国外购买本土难以研发的专业技术[10]。
- 中国的风险投资市场在规模和影响力上几乎与沙山路相当，符合全球巨额融资的增长以及独角兽融资创业公司日益增长的市场份额。[11,12]中国从事科技推广和应用服务业的公司字节跳动在全球最具价值的民营初创企业中居首位。[13]
- 腾讯和阿里巴巴都是全球市值排名前10的上市公司，与微软、苹果、亚马逊和脸书属于同一级别。[14]而10年前①尚且没有任何一家中国互联网公司进入这个级别。
- 越来越多的中国科技公司在全球主要证券交易所上市。2018年，31家中国企业在纽约融资85亿美元，其中领先的包括创新能力极强的电动汽车制造商蔚来和社交电商新星拼多多，到了2019年又有多家中国企业紧跟着上市。[15]
- 中国正努力给海外的科技初创企业打上自己的印记。2010—2018年，中国投资者在全球达成了1 315项科技投资，总额高达998亿美元，其中相当一部分是在美国的投资。[16]

---

① 本书英文版写作时间为2019年，本书大量数据引用也为此时间段。——编者注

- 中国的国家科研支出达到4 090亿美元，即将追赶上美国的4 970亿美元[17]，美国国家科学研究委员会预测中国将很快实现超越。[18, 19]
- 华为在研发投入上位居全球第五位，领先于英特尔和苹果。[20]
- 中国的专利申请量从2009年的全球第七位上升至2019年的第二位，[21]占全球专利申请总量的21%，与长期领先的美国（22%）差距极小。按照这一趋势，中国的专利申请量很快就会超过美国。到2019年时，华为就是世界上申请新专利最多的企业。[22]在全世界已经投入使用的1 370万项专利当中，中国占29%，位居世界第二，美国占40%。[23]
- 中国有470万名科学、技术、工程和数学专业的大学毕业生，远超美国的56.8万，预计到2030年，中国这4个领域的大学毕业生人数还将增加3倍。[24]
- 中国的学术科研论文数量超过美国，占世界科学和工程领域发表量的18.6%。2019年前后，相关领域内中国有42.6万篇论文，而美国只有40.9万篇。[25]
- 在全球最迅捷的500台超级计算机中，中国拥有的数量最多，为202台，而美国有143台。这是中国技术实力超级计划的重要组成部分。[26]
- 中国拥有世界上最多的互联网用户（8.29亿）和智能手机用户（7.83亿），是美国（分别为2.93亿、2.52亿）的数倍。[27]
- 中国的互联网普及率为58%，比起美国的89%，还有巨大的潜力。[28]

前　言

中国庞大的市场规模和快速的经济发展意味着其在许多指标上的领先，这是不可否认的。中国正在进行技术升级，在未来几十年，中国将挑战西方在全球经济中的领导地位，就像美国在 20 世纪主导工业和信息革命一样。如果硅谷不能认识到并积极应对重大技术力量转移的种种迹象，全球经济格局必将发生一场大洗牌。虽然美国是科技界的王者，但在特拉维夫、伦敦和班加罗尔等地也涌现出了许多"硅谷"，不过美国科技最强大的对手还是在中国。

中国通过发展具有全球竞争力的国家高科技龙头企业，加速朝着科技霸主地位迈进。如今世界上正在形成两大势力范围，即中国领导的亚洲和美国领导的西方。在极短的时间内，中国的科技巨头已经在快速发展的亚洲地区占得先机，这得益于其产品先进的数字化功能，以及消费者对中国品牌的高熟悉度。未来的科技领域将有赖于各区域创新领导者的共同发展，任何一方都不会独霸整个世界。

有一件事令美国科技行业领袖无可奈何，那就是美国公司无法越过中国网络安全审查制度的巨大防火墙，直接触达中国消费者。虽然脸书创始人马克·扎克伯格与中国领导人会面，一起在故宫前慢跑，并学习普通话，但脸书依旧被拦在了中国的"大门"之外。谷歌、推特和照片墙仍被屏蔽。尽管谷歌计划带着备受争议的审查版搜索引擎 App "蜻蜓"重新进入中国，最终却迫于白宫的压力而取消了计划。总而言之，中国本土互联网品牌牢牢占据了中国这个巨大的市场。

很少有美国科技公司在中国取得了成功，但失败的例子比比皆是，例如 eBay、高朋、谷歌、脸书、拼趣等。另一些美国公司则继续向中国市场挺进，如特斯拉、WeWork（一家总部位于纽约的众创空间公司）、爱彼迎、领英、星巴克等，但它们都前途未卜。

知识产权盗窃和假冒

哪些因素会阻碍中国实现科技腾飞的梦想？很多。比如贸易摩擦和技术脱钩。美国公司被迫遵守中国政府的规定，交出关键技术，并与得到国家资助的中国企业展开竞争。同时，美国前总统特朗普也不断加强对中国的强硬措施：增加对中国商品的关税，以减少中美贸易不平衡；加强对中国先进技术的出口管制；美国政府对外国投资美国高科技公司的审查和限制变得更加严格；打击网络盗窃和无视知识产权；加强对中国理科研究生的签证限制；限制中国对谷歌、高通、迈威和英特尔等美国供应商高端技术的严重依赖，这一举措源自一家中国制造商被指控从美光科技盗用美国设计的芯片创办了一家新工厂[29]，以及中国电信巨头中兴和华为由于国家安全问题，被禁止购买美国设备。这些举措坚定了中国减少对美国的技术依赖、填补技术空白、发展自有核心技术的决心，但这需要数年时间，也并不容易做到。

还有一系列问题可能会阻碍中国初创企业的发展，例如限制中国对美国科技初创企业的风险投资，提高中国企业在美国上市的门槛，并限制其使用所融资金在中国扩大规模。

地缘政治问题正在被放大。中国科技巨头正面临国有化或被拆分的危险，中国南海面临悬而未决的军事冲突，地方政府

前　言

对国家改革政策的执行不力。

随着中国的不断发展，国家安全和技术领先之间的摩擦无疑会加剧。我们每天使用的科技产品，包括苹果智能语音助手、触摸屏、GPS（全球定位系统）、互联网和苹果手机，都是由美国国防部和政府资助的军事科学家研发出来的。

"任何试图了解当今中国的人，如果对中国的创新情况和中国企业家一无所知，就都会失败，"科技投资人、风投和创业领域思想领袖加里·瑞斯彻表示，"对于许多在美国从事中国研究的政策专家来说，这是一个巨大的盲点。"

哥伦比亚大学国际与公共事务学院院长、美国驻中日前副贸易代表梅里特·贾瑙认为：
"贸易政策无法改变的事实是，中国正大量投资于科技研发和教育领域，而美国却在削减这类投资。中国的创新受益于大型科技中心集群及政府的支持。"[30]

> 贸易政策无法改变的事实是，中国正大量投资于科技研发和教育领域，而美国却在削减这类投资。
> ——梅里特·贾瑙
> 哥伦比亚大学国际与公共事务学院院长

5G 是中国争取全球科技领导者地位的主战场之一。这项新突破将使得人际关联更加紧密，并对来自智能手机、笔记本电脑、冰箱、医疗设备和交通工具等设备的数据进行超强关联，从而改变家庭、城市、医院、交通工具和工厂的运营方式。2015 年以来，中国为了获得先发优势，在无线基础设施和基站上的支出已超出美国约 240 亿美元，并计划在未来 10 年内投资超过 4 000 亿美元用于 5G 测试和开发。[31] 中国面临的障碍是，美国和其他国家会出于安全问题的考虑，禁止将中国制造的核心设备用于国家网络。这可能会促使中国开发出独立的 5G 网络，并导致市场碎片化，对消费者和电信运营商来说，这也意味着更高的价格成本。[32, 33]

在中国科技经济增长的背后，可能会存在一系列不容忽视的社会、经济和文化问题，阻碍中国恢复昔日的风采和地位：19 世纪之前，中国曾是世界领先的经济大国，也是世界上最富有、最繁荣、最勤勉的一个国家。在中国，教学以记忆和应试为主，而不是培养创造性思维；中国政府实行了几十年的计划生育政策，导致社会老龄化和劳动力不足，到 2016 年，计划生育政策放宽，也未能解决出生率滞后的难题；最重要的是，中国必须解决环境污染、收入不均、银行不良贷款等问题。

无论你是不是中国的粉丝，都很难忽视中国科技的崛起。在美国拉斯维加斯举行的一年一度的大型消费电子展上，来自世界各地的数十家公司展示了它们的产品，其中约 1/3 的参展商来自中国。你会发现，大多数中国的高科技企业高管都能说一口流利的英语，而英语国家的企业高管却说不了流利的中国话，可能正在学习中文的马克·扎克伯格是个例外。

各行各业的科技领导力

中国的创业公司和科技巨头专注于当今数字世界最先进的理念，以自力更生的创新及商业模式在众多领域向美国发起了挑战。

例子包括：

- 人工智能：百度凭借无人驾驶汽车技术和人工智能语音激活智能家居设备，成为人工智能领域的领军企业。虽然美国在技术上领先，但中国凭借庞大的数据集，能够更快地实现创新。中国和美国在该领域各占一半优势。
- 新零售商业：阿里巴巴和京东开创了无现金和无人商店，并以高效的采购、定价和市场营销方式，实现了中国零售业和物流业的数字化。它们还通过便捷的电动车来送货及提供服务。阿里巴巴充满未来感的盒马鲜生超市启用了机器人，比美国 Amazon Go（亚马逊无人便利店）数量有限的自动化便利店更先进、普及范围更广。
- 移动支付：今天的中国是一个没有现金的社会。以微信支付和支付宝为首的中国移动支付市场的规模已经超越了美国的信用卡和借记卡市场。
- 社会信用：中国全新的、有争议的社会信用体系通过技术监督来判断公民的信用，通过给出可以决定贷款、工作、上学和旅行准入条件的评级来鼓励人们诚实守信。
- 共享经济：中国创造的商业模式，包括共享单车、移动充电设备、雨伞、篮球、外卖厨房等，已经被几十家初创企业推广开来。
- 流媒体直播：百度旗下类似网飞的流媒体视频网站爱奇艺，以及数字娱乐创新者欢聚时代（以下简称"YY"）发展迅速，它们制造了网络名人，而这些网络名人通过接受忠实粉丝赠送的虚拟礼物来获得收入。
- 虚拟现实：中国各大城市的游戏厅和美国的游乐园一样拥

挤，其中，虚拟现实逃生类游戏的体验价格和一张电影票的价格差不多。
- 电动汽车：中国电动汽车制造商蔚来和小鹏资金充裕且产品功能齐全。这些电动汽车具有自动驾驶功能，并内置娱乐App。政府为这些企业发放补贴，从而发展清洁能源驾驶，推动中国成为电动汽车行业的"底特律"（美国底特律是世界闻名的汽车城）。中国已经成为世界上最大的电动汽车制造商和销售商。数十家中国新能源汽车制造企业建立了"硅谷中心"，以加速对下一代全电动自动驾驶汽车的研发。
- 社交商务：购物者可以通过"拼多多"这款实用的App，直接用手机在商家那里购买产品、获得优惠券、参与抽奖，以及获得团购折扣。

在过去的10年里，充裕的风险资本大力推动了中国的科技大发展，这些资本通常来自西方的养老基金、捐赠、家族企业和基金会。融资规模、IPO（首次公开募股）数量、交易数量和投资绩效的纪录不断被刷新。2012—2019年，中国的叫车服务领军企业滴滴出行（以下简称"滴滴"）已经获得210亿美元的融资，甚至在2016年以350亿美元的突破性交易额在中国收购了竞争对手优步中国。[34] 几家中国科技独角兽的IPO成绩斐然，2019年前后，中国智能手机制造商小米的市值达到540亿美元；美食服务App美团吸引了530亿美元的投资，而购物App拼多多仅用3年时间就从零发展成了市值240亿美元的上市公司。

越来越多的中国科技公司IPO即将到来，投资者对此充

前言

满期待。随着这些科技巨头的崛起,风险投资人积累了巨额财富。2013年他们投资于阿里巴巴的800万美元,回报率高达30倍。2014年阿里巴巴上市以来,投资者的资金翻了一番。随着中国科技引擎的加速运转,越来越多的财富被创造出来。

位于中国科技最前沿的无疑是本土巨头百度、阿里巴巴和腾讯。它们涉足中文搜索、电子商务、社交媒体、游戏等多项业务,并在科技经济的各个领域进行创新。紧随其后的是另一批中国创新人士:人工智能新闻聚合平台今日头条和抖音短视频、服务类平台美团、叫车服务领军企业滴滴、智能手机等电子产品制造商小米,以及许多其他人工智能、电动汽车、无人机等领域的后起之秀。中国的科技巨头渴望权力,它们通过合并和收购多种类型的企业进行整合,实现规模超速增长。在2018年的一项重要交易中,美团斥资27亿美元收购了中国共享单车创业公司摩拜单车,以此扩大其业务版图。

收购热

走向国际市场是这些中国科技巨头的下一个发展动力。中国的众多科技巨头投资并收购了全球主要科技中心的初创企业和尖端新兴企业,组建了沙山路风险投资公司,为工程技术人才提供研发设备,并通过进军好莱坞增强软实力。

在这一外向型投资热潮中,中国2010—2018年对美国科技公司的投资达到了514亿美元,最大的投资包括与顶尖创业公司优步、来福车和Magic Leap(增强现实公司)的巨额交易。[35]近几年,美国的监管障碍以及中国对高价、高负债交易的打击对此类投资形成了一定的抑制。但创新引擎仍在不停运转，驱动这一引擎的硅谷风险投资及中国基金仍在保持运转。

随着监管的加强和不确定性的增加，中国科技交易撮合商正在转向规模更小、战略高度更突出的美国交易，同时向国际上更受欢迎的市场进军。中国的科技巨头百度、阿里巴巴和腾讯正把重心从美国转向"创业之国"以色列和东南亚，以期早于美国在这些创新蓬勃发展、有望与中国形成呼应的地区占得先机。

发出一个警告

中国对现状的调整向西方商界领袖和政策制定者发出了一个警告。中国的科技影响力和综合实力正在与日俱增，并制定了雄心勃勃的政策，力图实现科技上的自给自足，成为主导全球关键技术市场的制造业超级大国。"让美国再次强大"的口号就是针对中国的崛起而喊出来的。[36]

美国硅谷长期以来的世界科技霸主地位岌岌可危。很多人都会选择去硅谷，遨游在科技和风险投资的海洋中，学习硅谷成功的秘诀。然而，并不是每个人都会去中国寻找科技宝藏。因此，美国绝不能骄傲自满、故步自封。中国这一新兴国家的崛起对久居于霸主地位的美国形成了威胁，但我们希望，中国的崛起不会引发两国之间的科技摩擦。

第一部分

中国的互联网企业积极研究新技术

第一章

百度、阿里巴巴和腾讯的发展

中国科技巨头百度、阿里巴巴和腾讯（合称 BAT）在中国坐拥搜索引擎、电子商务和社交网络三大领域，正在稳步开创前沿技术，这些技术将重塑全球金融、零售、运输和移动通信等行业。

BAT 的科技范本

我在上海时去过阿里巴巴旗下的超市，而我所居住的纽约街区的全食超市与这些超市相比，顿时显得格外落伍。这些未来感十足的商店里没有现金、收银员或收银台，一切都是数字化的。你可以通过支付宝 App 在自助收银机上进行支付，这些收银机还装有能进行人脸识别的摄像头。线上下单的商品会被打包好并通过高架输送带穿过商店，由骑电动车的配送员在 30 分钟内送达 3 千米内的目的地。超市过道有内置的交互式数字屏幕，可以查看每种食物的成分及来源。连接 Wi-Fi（无线网络）的电子墨水屏价格标签会自动更改定价详情。超市每天都有空运过来的新鲜农产品和海鲜，你可以在店内餐厅加工和享用食物，机器人会沿着轨道把封装好的、新鲜烹制的食物送到你的餐桌上。

2019 年时，阿里巴巴在中国各大城市开设了 100 多家自营的盒马鲜生零售店，并不断开设了更多门店。在美国，亚马逊正在努力发展电子零售和配送业务，想要赶上阿里巴巴，但这些业务还没有实现大范围普及和数字化。亚马逊的小型自助便利店Amazon Go可供选择的商品非常有限,而且只开设在美国的10条地铁线路附近,而全食超市的送货时间则长达两个小时,且配送范围仅限于城市,免费服务也只针对亚马逊超级会员。我在中国零售商店看到的新潮科技在美国仍不见踪影。这只是一个例子,却足以说明数字未来已经来到中国,而美国在这方面远远落后。

如今,阿里巴巴与百度、腾讯一道成为中国科技三巨头,它们被合称为"BAT"。就像美国的脸书、亚马逊、网飞和谷歌(合称"FANGs")一样,在中国,百度称雄搜索引擎领域,阿里巴巴领导电子商务领域,腾讯主导游戏和社交网络领域,这些企业都在人工智能(AI)领域占据了绝佳位置。BAT的成功可以归功于勤奋、雄心、天赋、资本以及它们在中国新兴创业市场的主场优势。在竞争激烈的中国市场,这些数字创新公司渴望成为下一个新事物的创造者,它们创造出了令人惊叹的新功能和新商业模式,吸引了西方世界的目光,它们的下一个挑战是实现全球范围内的突破。

"阿里巴巴"这个名字很容易让人联想到"芝麻开门"这一咒语,该公司因其极具魅力的创始人,及其电商宝藏闻名于世。如今,BAT的巨大威力和影响力在海外得到了越来越多的认可。这3家公司都是中国迅速发展的数字经济先锋,预计到2035年,中国的数字经济规模将翻五番,达到16万亿美元。[1]它们改变着中国消费者在联系、社交、购物、支付、饮食、旅游、投资、贷款和健康状况监测等方面的生活方式,让美国同行刮目相看。

BAT在国内外都占据着优势。这3家公司在中国市场得到了很好的保护,来自海外的竞争压力很小,因此它们在国内成功实现了规模扩张。同时,BAT通过公开募股开拓了西方资本市场,并用这些资金进行了数十亿美元的收购,把最有前途、最具创新力的科技公司收入囊中,相当于为深入了解硅谷模式而支付了巨额学费。BAT的创新模式与中国的快节奏数字文化相适应,并慢慢向西方市场渗透。它们庞大的规模和全方位的竞争手段对美国科技产业及消费者具有重大的启示。

简言之,百度、阿里巴巴和腾讯颠覆了人们长期以来坚持的假设,即硅谷的公司将在未来几十年主导全球科技发展。BAT正引领着一场高科技淘金热,这场热潮受到五大开拓性战略的指引:

- 抢购最前沿的科技初创公司;
- 让创新引擎日夜运转;
- 向世界各地的高潜力科技中心扩张;
- 向人工智能、大数据、远程医疗、自动驾驶、人脸识别、移动支付与借贷、数字娱乐等领域进军;
- 在庞大的生态系统中积极构建科技行业的护城河,以扩大规模并抵御竞争性入侵者。

BAT 创始人

在仔细研究这些雄心勃勃的举措之前，让我们回顾一下这三大巨头已经走过的路。在 2019 年之前的 10 年里，中国的科技重量级企业已经跻身世界上极具规模和价值的公司行列。它们有时会被拿来与韩国的财阀或大型企业集团三星、LG 和现代进行比较。

谷歌、脸书、推特被中国拒之门外，亚马逊、eBay、雅虎、聚友网等奋力打开中国市场，但面临着中国政府支持本土互联网企业发展带来的各种限制，因此中国科技巨头得以避开来自美国的竞争，连续几年实现了两位数的惊人增长，而且还在继续加速增长。

"数字中国"最早出现在 2000 年，自那以后，BAT 取得了巨大的进步。这要归功于 CEO（首席执行官）——百度的李彦宏、阿里巴巴的马云和腾讯的马化腾——的远见卓识和领导力。很难想象他们会走得这么远、这么快，并且掌权这么久。他们被视为中国第一代企业家中的超级英雄，因为 20 世纪的"文化大革命"几乎摧毁了中国经济，后来以邓小平为代表的领导集体在改革开放时期建立了社会主义市场经济体制，中国才慢慢富裕起来。

大约 20 年前，美国互联网泡沫破灭后不久，中国这 3 位创始人就加快了创业的步伐。他们能成为世界上最富有的那批人，一开始的确是靠模仿。百度的李彦宏是个安静内敛的搜索引擎专家，在美国攻读了计算机科学硕士学位，之后在道琼斯和迪士尼旗下的搜索公司 Infoseek 工作，回国后通过创业赚得了 100 亿美元。他创办的百度通过大胆模仿谷歌赢得了中国市场。阿里巴巴创始人马云曾是一名英语教师，他在一次去美国做翻译的旅途中发现了互联网，之后开始创业。他的淘宝网有意模仿 eBay，并通过极具竞争力的定价和即时通信等本地化功能在中国击败了 eBay。腾讯低调的 CEO 马化腾是一位在中国南方出生并接受教育的工程师。他拥有 440 亿美元的财富，被形容为"一只伺机而动的蝎子"。[2] 他的即时通信服务软件 QQ 借鉴了以色列的 ICQ（"我找你"）即时通信软件，ICQ 最初被美国在线公司收购，之后又被俄罗斯最大的互联网公司 Mail.Ru 收购。

如今，中国巨头已经把模仿抛在了身后，掌握着广泛而深厚的技术力量基础，但许多令人头疼的问题也随之而来。就像马克·扎克伯格、杰夫·贝索斯和拉里·佩奇面临着技术反冲和影响力不足的挑战一样，中国科技领导者也要面对一系列可能削弱自身实力的问题，比如隐私问题、伪造指控、对优势产品的限制以及来自竞争对手的威胁。

对百度来说，尽管在上一次竞争中没有被谷歌打败，但这个对手可能会在 10 年后重返中国。在李彦宏接连失去了两位人工智能领域的专家后，百度是否能够通过发展自动驾驶汽车和人脸识别支付来掌控人工智能的未来还是未知数。与此同时，他的竞争对手也在进军人工智能领域，包括阿里巴巴的智慧城市交通管理、腾讯的医疗成像和诊断工具、新创公司商汤科技和旷视科技用于身份识别和公共安全的人工智能增强人脸匹配技术等。

阿里巴巴在电子商务领域的领先地位也遭到了挑战。社交商务领域的新创公司拼多多推出了一款集折扣商品、抽奖、社交分享功能和游戏于一体的App。阿里巴巴还要与一群由腾讯控股的电商行业竞争对手展开角逐，其中就包括以腾讯为第一大股东的电商巨头京东。

腾讯必须重新找回创业精神和创造力。腾讯成功将微信打造成了一个多功能超级App，但错失了被后来者抖音抓住的短视频良机。受中国监管制度的影响，腾讯还必须重新调整其主要游戏业务。我在21世纪之初开始会见、采访中国青年科技领袖，他们那时才刚刚开始了解硅谷的"魔力"，也没有什么业绩。我们都没有料想到事情会变得如此复杂，发展会如此迅速。

中国互联网品牌如何在国际市场站住脚

中国的三大科技公司开辟出自己的发展道路，与美国的FANGs并驾齐驱。虽然在规模上，中国的三巨头还远不及谷歌、亚马逊、脸书，但它们的发展速度极其惊人。如果中国BAT的业绩继续保持快速增长，有一天可能会赶上美国科技巨头（见表1–1）。中国三大巨头已经跻身全球最具价值的上市公司之列。腾讯和阿里巴巴的市值都在4 000亿美元左右，与亚马逊、苹果、微软、Alphabet（谷歌重组后的"伞形公司"）、脸书一起位列全球前10，百度则以600亿美元左右的市值稍稍落后。[3]

表 1-1 中国 BAT 和美国科技巨头的比较

	2017 年收益	增长率	2018 年收益	增长率
百度	130 亿美元	20%	149 亿美元	28%
阿里巴巴	399 亿美元	58%	562 亿美元	51%
腾讯	364 亿美元	56%	456 亿美元	32%
Alphabet	1 109 亿美元	23%	1 368 亿美元	22%
亚马逊	1 779 亿美元	31%	2 329 亿美元	31%
脸书	406 亿美元	47%	550 亿美元	38%

资料来源：年度报告、公司新闻稿。

中国的规则改变者正在加速创新、投资和商业化，许多用于家庭、办公室、车辆和屏幕的新一代技术都是西方尚未出现的。短时间内，这些巨头都不太可能被逐出现有位置，但它们需要做出改变。中国科技力量的旋涡正越来越多地围绕着 BAT 中强势的"A"（阿里巴巴）和"T"（腾讯）旋转，而"B"（百度）则输给了更强大的竞争对手，2019 年百度出现了自 2005 年上市以来的首次季度亏损。然而一个新的"B"出现了，那就是目前全球估值最高的独角兽企业——字节跳动，该公司准备凭借风靡全球的短视频 App 抖音和一款新的视频通信 App 与腾讯一决高下。

在 BAT 的竞争中，阿里巴巴和腾讯在移动支付、通信和移动商务领域经常发生冲突。作为为卖方提供线上服务的专家，阿里巴巴使交易变得更快捷、智能和高效。它还开发了面向职场的智能移动办公平台钉钉，向腾讯主导的社交网络领域进军。腾讯作为数字内容和娱乐业的领导者，也将目光投向了阿里巴巴主导的电商领域，推出了微信小商店。百度很大程度上不参与竞争，专注于人工智能驱动的自动驾驶、智能照明和语音家居设备等领域。

新的竞争对手已经蓄势待发，一旦 BAT 公司出现问题，它们就会发起猛烈的进攻。但是要打入 BAT 联盟并不容易，中国的俱乐部网络效应和硅谷一样。与所谓的"贝宝黑手党"[①]类似，BAT 三大巨头及其前成员创办的公司占据了中国 42% 的风险投资、20% 的顶尖新创企业以及 30% 的新创企业融资。[4]

逐步领先的中国科技

中国竞争激烈的市场环境强化了企业家的意志，驱使他们第一时间将新想法推向市场，因此中国企业家往往领先于他们的美国同行，如今美国变成了中国的模仿者。值得一提的是，脸书一直在研究中国的相关发展情况，并根据研究结果重新设计了社交媒体网站，整合了私人信息、群聊和支付功能，这与几年前的微信类似。

在看到中国传统习俗的数字化转变，即从给家人和朋友发现金红包变成发数字红包后，脸书测试了自己的数字礼物功能。脸书还发布了 Lasso（短视频 App），这款 App 在中国科技界被认为是 100% 复制了字节跳动旗下的抖音。

[①] "贝宝黑手党"的成员为贝宝创始团队的几位高管，他们在离开贝宝后都各自创立了世界顶尖企业。——译者注

第一章 百度、阿里巴巴和腾讯的发展

中国以阿里巴巴和腾讯为首的 9 万亿美元巨大规模的移动支付市场把美国远远甩在了身后。[5,6] 2019 年前后，约 9 亿中国人都通过智能手机使用移动钱包、支付宝或微信支付进行即时支付，并且没有任何手续费。在中国，现金支付已经成为历史，而在美国，苹果支付和谷歌支付还没有成为主流，现金、支票、汇票、信用卡和借记卡仍然是普遍的选择。[7] 鉴于阿里巴巴和腾讯在中国的主导地位，美国金融品牌目前没有打入中国市场的胜算。谷歌的应用商店在中国被封禁，而苹果支付的吸引力又十分有限，苹果公司 CEO 蒂姆·库克也不得不同意在中国 41 家苹果零售店接受电子支付。万事达卡和维萨（VISA）信用卡多年来一直试图打入中国市场，虽然美国运通在 2019 年前后获准进入中国，但可能为时已晚。在中国，就像移动电话代替了个人计算机一样，电子商务代替了零售商店，人们已经绕过信用卡步入了移动支付时代。

百度

向人工智能进军

截至 2019 年，百度已经成立近 20 年，正面临着发展困境，为摆脱这一困境，百度努力将业务从世界领先的中文互联网搜索引擎扩大到先进的人工智能技术上来。

在美国拉斯维加斯举行的国际消费类电子产品展览会（CES）上，全球科技公司大张旗鼓，试图在价值 1.6 万亿美元的美国科技市场站稳脚跟。从亚马逊到谷歌，再到微软，CES一直是美国科技公司的大本营。而现如今，中国企业开始占据这一舞台的中心。2018年，中国搜索引擎领军企业百度首次在CES举办了发布会，完成了一次华丽的亮相。随后，时任百度COO（首席运营官）的陆奇展示了该公司的人工智能技术，并声称百度正在以中国速度飞速创新。百度CEO兼创始人李彦宏为推动百度在人工智能领域的发展，从微软聘请了这位COO。在发布会上，他推销了各种最新产品，包括与谷歌竞争的自动驾驶技术，以及一系列由DuerOS（对话式人工智能系统）语音驱动的扬声器、灯具和投影仪，他毫不避讳地称其为"中国的Alexa（亚马逊语音服务助手）"。

几个月后，在北京举行的2018百度世界大会上，李彦宏以"Yes, AI do"（是的，AI能行）这一积极口号为主题，介绍了一系列产品及其升级，说明这个搜索引擎巨头已经开始从其初始业务转型，并且在转型的道路上走了很远。他身穿印有百度标志的经典白衬衫，积极评价了百度在人工智能领域的创新成果。保持如此积极的态度实属不易。2018年5月，他聘请的COO陆奇从百度离职，转而担任美国创业孵化器Y Combinator的中国创始人和CEO，这迫使李彦宏不得不重新握紧百度的方向盘。而在2017年10月，人工智能领域的巨星吴恩达也离开百度，开始接手硅谷的新任务。

李彦宏发表演讲时，炫目的环绕立体声视频展示了百度的自动驾驶新技术、北京和上海的智慧城市项目以及声控扬声器和灯具。中国大饭店拥挤的宴会大厅里，观众为每一次介绍欢呼鼓掌：百度与沃尔沃合作开发了面向巨大的中国市场的自动驾驶电动汽车，以中国中部城市长沙为试点，推出了100辆自动驾驶出租车，同时百度也与中国大型汽车制造商一汽集团结盟，生产自动驾驶乘用车，并于2019年在北京和长春开始试运营。

虽然舞台效果让这些项目看起来似乎超越了顶峰，但百度在人工智能领域的延伸并不远。搜索引擎是这家公司最初的业务，也是目前最大的收入来源，与此类似，其人工智能技术依靠计算机算法来检索存储的信息，并把这些信息传递给传感器，以实现车辆自动驾驶、声控灯及声控扬声器等的应用。

如今，李彦宏回到百度掌舵人的位置上，面临着既要把握公司大局，又要管理日常运营，还要兼顾人工智能和搜索业务的挑战。

百度的下一个目标是从旗下一系列人工智能产品中赚钱，包括百度大脑，由DuerOS语言驱动的灯具、扬声器和投影仪等，这些产品的用户数量已超过两亿。百度的自动驾驶技术"阿波罗"在中国获得了50个市政许可证，可以在相应城市的开放路段上测试自动驾驶汽车。

李彦宏在2019的财报电话会议上告诉分析师："百度会是第一家在人工智能领域获得可观收入的公司。"同时，他也承认"阿波罗"仍处在早期的发展阶段。[8]市场调研公司弘亚世代驻上海分析师雷蒙德·冯曾预测，到2020年，百度将开始在无人驾驶汽车技术上实现盈利，为汽车制造商和驾驶员提供先进的人工智能服务。

百度的核心搜索业务占据了中国搜索市场近 3/4 的份额，其庞大的块状结构和隐藏的内部办公室布局反映了这一点。尽管百度的标志是一只熊爪印，象征着猎食者，但其在搜索领域的领先位置遭到了 BAT 另外两大巨头的追赶。腾讯旗下的微信增加了搜索功能，而阿里巴巴支持了移动搜索引擎"神马"以及由腾讯注资、在美国纽约证券交易所（以下简称"纽交所"）上市的搜索公司"搜狗"。

谷歌可能会重返中国内地，这是百度搜索王国面临的最大威胁，尽管百度曾经打败过谷歌。20 世纪 90 年代末，作为谷歌中国区总裁的李开复执掌谷歌，尽管面临诸多挑战，他仍在不遗余力地争取中国市场。2010 年，由于与百度的竞争日渐艰难，以及对中国网络审查制度的担忧，谷歌创始人拉里·佩奇和谢尔盖·布林决定退出中国内地市场。随后，百度迅速占据了 2/3 的中国搜索市场。百度创始人李彦宏是一位搜索专家，早年在美国主要致力于完善网页查询和链接，这使我明白百度是如何取胜的：一个高级的中文搜索引擎，再加上一些本地化功能，比如通过社区聊天提供问询服务。百度之所以能在中国取得成功，是因为它最初模仿了谷歌的付费搜索业务模式，后来又复制了基于关键词的营销服务以及按业绩付费的线上广告服务。

2018 年夏天，谷歌可能会重返中国内地的消息传出，李彦宏在他的微信号上发布了一条防御性信息：如果谷歌决定回到中国，我们非常有信心再 PK（对决）一次，再赢一次。

但对百度来说，赢得这场战斗还不是板上钉钉的事。谷歌重新打入中国内地市场的消息被曝出后不久，中国类似推特的社交媒体网站微博上就开展了一项网络调查，该调查结果显示，86%的用户会选择使用具有全球影响力的谷歌，而不是只有中国市场的百度。

阿里巴巴

阿里巴巴的商业创新

阿里巴巴每年11月11日举行的大型购物节就像一场盛大的庆典。购买者在网上以折扣价疯狂购物，商家推出力度空前的促销活动，歌手和舞者在上海黄浦江边的梅赛德斯-奔驰文化中心的舞台上表演，同时巨大的数字屏幕显示着即将产生的销售额。这个为期一天的网上购物狂欢节被称为"双十一"，是美国主要购物节日"黑色星期五"和"网络星期一"的中国版本，但是规模要大得多。我参加了2018年的"双十一"购物狂欢节，2008年，阿里巴巴首次将其作为一种营销理念加以推广，并在幕后观察数据。阿里巴巴2018年的这场购物促销活动创下了308亿美元的销售纪录，比上一年增长了27%，远远超过同年"黑色星期五"和"网络星期一"的销售额（139亿美元），也远超亚马逊会员日的销售额（35亿美元）。[9]

1999年，马云和其他17位联合创始人在他杭州的公寓里创办了阿里巴巴。如今，阿里巴巴已经从一个企业对企业的在线交易平台发展为一家由支付、物流和互联网服务组成的综合企业，并影响着银行业、快递业和零售业等行业。今天的阿里巴巴总部坐落于杭州，这座城市因风景秀丽的西湖而闻名。阿里总部是一个风格现代化的大型园区，由精心设计的建筑和雕塑组成，可以说是我 2006 年第一次采访马云时那个单调办公空间的豪华升级版。

世纪之交，阿里巴巴最初的小企业电子商务网站淘宝网和它模仿的 eBay 线上拍卖风格才刚刚起步。但在 2010 年，阿里巴巴击败了 eBay，突然间，全世界的目光开始投向阿里巴巴。这一切得益于有媒体助力的促销噱头、免费的客户名单、易得的投资回报，等等。如今，淘宝网每月有 7 亿左右的移动用户。阿里旗下品牌包括支付宝、阿里云、阿里妈妈营销平台、阿里旺旺客户谈判即时通信工具以及电子商务新闻网站 Alizila，这些品牌使该公司在产品命名上做到了极致，可以与苹果的 iPhone（苹果手机）、iPad（平板电脑）和 iTunes（数字媒体播放应用程序）相媲美。

为来到杭州旅行的游客做英语翻译的经历开阔了马云的眼界。马云喜欢宣传阿里巴巴，他谈到，阿里巴巴的使命是帮助小企业实现全球销售，并希望公司可以坚持 100 年不倒闭。他是一个有趣的人。我在杭州参加阿里巴巴年会时，发现他会穿上迈克尔·杰克逊的摇滚明星服装，也会跟着《狮子王》主题曲载歌载舞。毋庸置疑，阿里巴巴和它的掌门人深谙促销之道。

马云向来不是一个害羞的人，我曾目睹他站在拥挤的华尔道夫酒店大厅的讲台上，在纽约经济俱乐部的精英成员面前宣传阿里巴巴。他曾在世界经济论坛上与全球名人亲密接触，也曾在阿里年会上接待过比尔·克林顿、阿诺德·施瓦辛格和篮球明星科比·布莱恩特，当时我也是数千名观众之一。马云英语口才很好，得到了出租车司机、教师、经纪人、店主等人认可。2006 年，我第一次在杭州采访他时，很难想象到他此后的经历。阿里巴巴风险投资人、凯鹏华盈创业投资基金创始合伙人汝林琪曾告诉我，阿里巴巴曾经在互联网繁荣和萧条时期过度扩张，后来几近破产，结果只能依靠裁员、退出海外市场、企业高层以及救场者——前通用电气执行官关明生——的管理逃过一劫。在听这些故事的时候，我也没有预料到阿里巴巴会有今天的形势。

阿里巴巴建造"蚁丘"

金融科技巨头蚂蚁金服是阿里巴巴的一个重要组成部分。其标志为一只蓝色的蚂蚁，马云将其形容为一只蚂蚁对抗一头大象。马云曾经告诉我："当你规模小的时候就要动脑筋。"

如果说接管雅虎中国和击败 eBay 算不上大成就，那么蚂蚁金服向金融科技领域的进军则是备受关注的。2011 年，马云将支付宝从阿里巴巴剥离出去，此举引发了阿里巴巴与雅虎和软银集团的主要股东在公司治理标准及补偿办法上的纠纷。马云称，分拆是必要的，因为中国政府的新规定禁止支付服务采用外资所有权结构。考虑到分拆出去的公司可能会上市或被收购，阿里巴巴在 1 年后与雅虎和软银达成协议，保证会给它们一笔经济回报。2014 年，阿里巴巴在纽约完成大规模 IPO 后不久，支付宝的金融服务业务便更名为蚂蚁金服，向金融服务领域发起了新一轮冲锋。在随后的 2018 年，阿里巴巴又回购了蚂蚁金服 33% 的股份。阿里巴巴旗下的金融科技子公司通过互联网技术、运用大数据技术的财富管理、移动支付、保险、小额贷款、货币市场基金，以及运用区块链技术的加密货币，撼动了整个金融行业。在蚂蚁金服旗下的余额宝货币市场基金开户只需 15 美分，收益率超过 4%，它在 2013 年推出后的短短 4 年时间内便成为全球最大的基金，资产规模达 2 110 亿美元，账户持有人数达 3.7 亿。在中国监管机构的压力和对整个银行市场系统性、流动性风险的担忧下，该基金的资产自巅峰以来已缩减至 1 680 亿美元。[10]

2018 年，蚂蚁金服再次引发了一个大新闻：蚂蚁金服在单轮融资中创下了民营企业的最高融资金额——来自美国私募股权公司凯雷投资集团、银湖资本、华平投资、泛大西洋投资集团以及新加坡主权财富基金 GIC 令人瞠目的 140 亿美元融资，公司估值达到 1 500 亿美元。鉴于中国市场的激烈竞争和阿里巴巴的雄厚实力，此轮融资中的投资人需要承诺不再对阿里巴巴的竞争对手——中国科技巨头腾讯、京东和美团控股下的公司进行投资。[11]

腾讯

游戏开始了

星期五下午的晚些时候，在腾讯位于深圳垂直的企业园区

第一章　百度、阿里巴巴和腾讯的发展

内，一群年轻人正在台阶和入口处闲逛。标语在大屏幕上不停滚动着，音乐从高音喇叭里传出，爽朗的笑声和聊天声不绝于耳。这看起来像一场巨大派对。腾讯的青年文化渗透到了其工作场所的每个角落，并激发着颠覆性创新思想。腾讯双塔楼的其中几层被装修成餐厅、培训中心以及配有跑道和篮球场的健身中心，供员工使用。

"腾讯"的名字来源于"腾"和"讯"两个汉字的结合，意思是"飞驰的信息"。[12] 尽管其品牌吉祥物只是一只戴着红围巾、眨着眼的企鹅，但腾讯一路走来没有辜负这个名字。腾讯旗下的微信像瑞士军刀一样集多功能于一身，腾讯也因为这款App而名声大噪。它也是全球最大的电子游戏公司，规模超过索尼、动视暴雪和任天堂。腾讯的娱乐和传播巨擘能够与迪士尼和时代华纳相匹敌，且更加数字化，在视频、音乐、游戏、社交网络和内容方面更加多样化，也更具中国特色。在过去20年多里，腾讯已经在中国南部建立起了远离美国洛杉矶和纽约的技术基地。

腾讯成立于1998年，通过智能收购、创业投资和自身的有机发展，如今已成长为全球技术领导者。但也有批评人士认为，腾讯过于依赖收购，压垮了初创企业。对于如此庞大的公司来说，保持创造性是一个挑战，对此腾讯一直在努力。抖音凭借其短视频迅速走红，威胁着这个社交帝国；几年后，腾讯在2018年重新推出了自己的短视频创作分享平台腾讯微视。

2009—2019年，腾讯一直保持着高利润增长势头，公司1/3的收入来自游戏，1/4的收入来自社交网络和数字内容。腾

021

讯在中国275亿美元规模的游戏市场中占有52%的份额，在全球游戏市场中占有25%的最高份额。它的一个天然优势是，中国可以向美国出售游戏，但美国公司需要在中国成立合资企业，才能与中国人分享收入。[13]

腾讯拥有《王者荣耀》等众多热门游戏。《王者荣耀》是一款多人角色扮演类游戏，拥有两亿玩家，2018年该游戏收入近20亿美元。然而，腾讯的游戏业务在2018年年中遇到了很大的障碍，当时中国监管机构出台相关政策严厉打击具有成瘾性和暴力性的游戏，并停止了对新网络游戏的审批。新规定禁止孩子们每天的游戏时长超过1小时或在晚上9点以后玩游戏。之后，腾讯推出了一项新功能，可以通过人脸识别技术监控玩家玩游戏的时间。

为了保持全公司的发展势头，并在众多领域保持竞争力，腾讯加大了对创新技术的投资，将重点放在移动支付、社交网络、数字内容和娱乐领域上。

随着内容大战的升温，腾讯在其网络媒体平台上拓展了数字音乐、视频和电子阅读业务。2018年，腾讯的数字内容订阅量增长了50%，实现了1亿的突破，成为这一新收入来源的转折点和上升点。

腾讯一直在忙着重组不断增长的数字内容库，分拆了腾讯音乐娱乐和阅文集团，二者分别在香港上市，共融资11亿美元。这两项都是能够赢利并快速增长的业务，扩大了腾讯的业务范围，并从订阅费用、优质内容和线上广告中获得收入。[14]腾讯音乐是中国顶级的音乐流媒体服务之一，提供歌曲伴奏、现场音乐会、DJ 混音、演唱和歌曲推荐等服务。尽管与瑞典公司声田相比，腾讯音乐 8 亿的月用户数高出了 4 倍多，但在付费用户数量上，声田的 8 300 万是腾讯音乐的 3 倍。尽管如此，腾讯音乐仍盈利颇丰，而声田则不然。腾讯更依赖于通过开创性的虚拟礼物和社交娱乐服务赢利，比如通过在全民 K 歌 App 上直播获得演唱会门票，而不是通过付费订阅和广告来支持旗下的 4 个音乐 App。2018 年，腾讯音乐娱乐收入增长 73%，达到 27.6 亿美元，净利润达到 2.67 亿美元。

腾讯的阅文集团已经成为中国大型的电子书出版商之一，其内容可被改编成电影和视频。2019 年前后，阅文集团以 22.5 亿美元收购了实力雄厚的新丽传媒，成为影视界的一支新生力量。阅文集团以数据分析和先进算法为基础，创新性地为在线读者提供个性化推荐，并利用内置社交功能牢牢吸引读者，使他们为腾讯庞大的互联网服务、微信、QQ 以及腾讯新闻的优质在线内容付费。2018 年，阅文集团收入增长 23%，达到 7.34 亿美元，净利润增长 64%，达到 1.33 亿美元。

腾讯的另一个亮点是旗下风格接近网飞的全资子公司腾讯视频。腾讯视频是中国大型的流媒体网站之一，拥有 8 900 万付费会员，与百度持股的爱奇艺视频网站（8 700 万会员）展开竞争，但两者的规模都无法与网飞在全球的 1.4 亿订阅用户相提并论。

腾讯的旗舰产品微信是一款社交网络服务工具，在当下的数字世界里，很少有产品能与之抗衡。微信拥有超过 10 亿用户，他们每天都会在这个封闭的交流圈内度过超过 1 小时的时间。微信已经创新性地从一款通信 App 发展成为集电商、支付等服务于一体的超级 App，这是中国科技界的趋势，各大巨头竞相将众多服务进行打包销售。

纪源资本的管理合伙人童士豪表示："中国的 App 在内容、社交网络和商务方面更为先进。微信、美团、饿了么、滴滴出行等超级 App 的兴起，催生了一种不同于硅谷的 App 设计模式。中国正向其他发展中国家展示一种不同的、可能更适合在本地扩张的方式，那就是将不同功能捆绑在一款超级 App 中，为用户制造一个生态系统。"

微信通过其创新的小程序功能成功吸引了用户，小程序将购物、游戏和生活服务捆绑在一起，使腾讯直接进入了阿里巴巴的电子商务领域。自 2017 年 1 月上线以来，在不到两年的时间内，微信小程序数量已达到 100 万个，是苹果应用商店中 App 数量的一半，[15] 每日访问用户数达到两亿。横跨 200 个服务行业的微信商店将内容、广告单元、商业与只能在微信中访问的产品链接无缝结合在一起。这是一个来自中国的新概念，一个中国广阔移动世界的货币化来源。

渴望接触中国客户的美国商家看到了这种吸引力。特斯拉通过小程序帮助用户安排试驾、寻找充电站并让他们分享自己的体验。沃尔玛也在微信小程序中推出了自己的扫描支付 App。

风险投资人童士豪表示："微信正成为一个默认的操作系统，并推动着另一波增长浪潮。现在几乎所有 App 都在入驻微信小程序。"

另一方面，微信正在通过企业通信办公工具——企业微信向中国仍在发展中的企业市场进军。该应用程序于 2016 年推出，主要为用户提供办公软件。有中国业务的美国公司经理经常通过微信与中国同事进行内部交流，包括群聊、一对一短信和视频通话。总部位于纽约的教育初创公司 Yoli 甚至放弃了自己的独立 App，直接将连接教师和学生的英语学习 App 搬进了微信小程序。

微信最辉煌的日子可能正在远去，因为中国的移动世界总是会有新事物出现。如日中天的独角兽企业字节跳动推出了一款内置私信功能的视频聊天 App——多闪，想要与微信竞争。由于微信已经深入中国市场，增速开始放缓，而全球化又很可能行不通。脸书旗下的聊天工具瓦次普已经在全球占据了众多市场，拥有约 15 亿用户。在印度这个巨大的市场上，瓦次普是一款必备的移动 App。要说服中国以外的人尝试微信并不容易，因为他们一开始很难理解发微信比发短信好在哪里。我使用个人微信账号时没有发现问题，但在运营硅谷龙论坛微信公众号时，发现事情并不顺利。由于该账号是在美国注册的，无法在中国访问，当我想把账号转到中国的时候，沮丧地发现操作说明都是中文，这对于我来说难度很大又很不方便，导致我们无法定期发布内容。

后起之秀

自从 BAT 拉开中国互联网时代的序幕，又一批以移动互联网为核心的中国互联网后起之秀登上了这一舞台。这个强大的组织马上拥有了自己的缩写——"TMD"。"T"代表由人工智能驱动的新闻聚合类 App 今日头条和短视频 App 抖音;"M"代表餐饮配送和服务 App 美团,该公司由中国互联网时代最厉害的模仿者王兴创办,他曾复制过脸书、推特、Friendster(全球大型的社交网站之一)和高朋(团购网站);"D"代表拼车服务商滴滴出行,该公司与优步中国进行了合并。我又增加了一个"X",代表世界第四大智能手机制造商小米,其创始人雷军是个崇拜传奇人物史蒂夫·乔布斯的连续创业者。

阿里巴巴和腾讯首当其冲,百度紧随其后,三大巨头至今仍是中国科技的"震中"。这一点相当了不起,尤其是对比人人网和当当网令人唏嘘的故事。这两家资金雄厚、定位准确的中国公司与 BAT 几乎同时崛起。它们都由受过美国教育、经验丰富的归国人士创办,并得到了硅谷顶级风险投资公司的支持。但在中国竞争激烈的电子商务和通信市场上,这两家公司都未能成功发挥自己的潜力。它们一味地用模仿代替创新,并且都因为试图一下子包揽大量业务板块而失去专注力。

被视为中国版脸书的人人网在一段时间的高歌猛进后股价开始下跌。毕业于美国斯坦福大学的特立独行的创始人陈一舟主要通过模仿西方模式,致力于建立一家由新兴科技初创公司组成的投资控股企业,也就是践行"向所有领域进军"的承诺。2018 年,陈一舟做出了一项重要的决定,出售了人人网日渐衰落的社交网络业务,并剥离了 44 项投资,其中包括他和人人网共同创始人之一的民营控股公司千橡互动集团与著名社会金融公司 SoFi 达成的一项颇具争议的交易。到 2019 年时,人人网只剩下中国的二手车销售平台、美国的货运App、美国房地产市场的（软件即时服务）业务，还有纽交所下跌的股价。

同样，在中国曾经大有作为的亚马逊式图书零售商当当网及其夫妻创业团队李国庆和俞渝也步履蹒跚。俞渝希望能像亚马逊CEO杰夫·贝索斯一样，让当当网成为中国的亚马逊。她凭借自己闯荡华尔街的聪明才智，将当当网（这个名字听起来像收银机）的业务扩展到服装、玩具和纺织品领域，并使其于2010年在纽交所上市。后来，当当网随着一批中国企业回国寻求更高的估值，她于2016年将当当网私有化。回到中国，当当网放弃了亏损的线上商品类别，转而专注于图书业务，并开设了线下实体店。在中国大型企业集团海航集团出资12亿美元收购当当网的计划落空后，当当网又回到了原点。

走向全球？

尽管中国的BAT拥有强大火力，但它们才刚刚开始在国际上扩大影响，而且进展十分缓慢。BAT的国际业务在总收入中占比极低，百度为1%，腾讯为5%，阿里巴巴为11%。为了获得更高的国际知名度，阿里巴巴作为2018年韩国冬季奥运会的主要赞助商，首次在中国境外推出了企业广告，引起了一时的轰动。相比之下，它们的美国同行要国际化得多：亚马逊1/3的收入来自国际市场，而脸书和谷歌大约一半的收入来自海外。

对BAT来说，进入美国市场要面对一些独特的挑战。比如，百度的搜索引擎是中文的，需要开发其他语言版本。2007年，百度试图通过一款日文搜索引擎进入日本市场，但最终输给了实力更强的国际竞争对手谷歌和雅虎，被迫在 2015 年退出了日本市场。

阿里巴巴的目标是让自己一半的收入来自海外，为此该公司一直努力在美国站稳脚跟。例如，它在美国底特律举办博览会，以吸引规模较小的企业与自己签约，尽管如此，这些合作还是受到了中美贸易摩擦的影响。

虽然腾讯的微信在中国很受欢迎，但在美国的影响力并不大。尽管我在中国和美国的中美商务联系人都能替微信的实用性做担保，但只有大约 2% 的美国网民会隔几天访问一次微信。微信的使用需要一段时间来适应，没有文本存储记录就是其中一个问题。另一个问题是，虽然美国用户可以通过微信聊天和发信息，但在中国广受欢迎的支付功能在美国并不受欢迎。微信支付和支付宝目前只是通过与跨国支付服务商贝宝和 Stripe 结盟，绕过在中国境外使用的限制。这些中国支付服务 App 主要由中国高管、游客或持有中国银行账户和身份证的学生使用。

难以打开的美国市场

不要指望中国的领先技术创新会在美国迅速成为主流。文化差异、缺乏品牌知名度以及政府监管都是阻碍这一进程的因素，对中国产品安全性的担忧则是另一个原因。中国问题专家、纽约新技术投资财团 Coterie 的 CEO 李雨表示："对这些中国品牌来说，全球化是一个漫长而艰难的过程。中国品牌在美国缺乏信用。这是一种心理和情感方面的因素。"[16]

中国政府的压制

或许,百度、阿里巴巴和腾讯发展面临的最大风险是中国政府对其巨大社会影响力和垄断力的打压。作为研究中国经济的权威人士,《中国经济会崩溃吗?》[17]一书的作者李雨说:"最值得关注的是,如果中国政府将这些公司视为对其权力的威胁,政府将如何影响这些公司?如果政府在国内市场制裁了它们,它们可能会失去信誉,政府可以直接让它们关门。"

中国政府向中国互联网巨头施加压力,要求它们清理可疑内容。百度、阿里巴巴和腾讯都承诺加强对用户上传视频的审查,并花费更多时间清理政治敏感、淫秽色情、低俗幽默和过度的名人八卦等方面的内容。腾讯旗下备受欢迎的手机游戏《王者荣耀》严格限制未成年玩家的游戏时长(12岁以下儿童每天1小时,青少年2小时),并使用人脸识别技术检测玩游戏的未成年人。腾讯还对游戏进行实名认证,并将这一做法推广到旗下所有游戏。

保持数据的隐私性

和美国科技领袖一样,中国科技巨头也在努力解决数据隐私问题和个人信息监控问题。在支付宝的一项社会信用服务引发公愤后(该服务自动注册用户,并向其他公司和第三方透露用户的个人收入、储蓄情况和购物消费信息),支付宝管理层进行了公开道歉,并在2018年初取消了这一功能。对中国科技巨头的未来而言，有一个不好的征兆：有媒体报道称，中国政府曾讨论以少量股权入股中国社交媒体巨头，包括类似推特的微博和阿里巴巴旗下的视频网站优酷，从而获得对这些公司的掌控权。

三大巨头的未来

百度、阿里巴巴和腾讯的未来是什么？中国的 BAT 位于中国技术革命的前沿。它们凭借成熟的搜索、电商和通信业务占据了中国科技经济的大部分份额，并且正在迅速占领人工智能、机器人学和金融科技等尖端技术领域。向美国和东南亚市场的加速进军为它们带来了广阔的市场和全球影响力。不久的将来，百度、阿里巴巴和腾讯可能会像在北京、上海和深圳一样，在全世界的"缅因街"和"华尔街"享有盛名。BAT 能否获得脸书、亚马逊、网飞和谷歌已经拥有的国际认可尚未可知，但在十几年前，压根没有人会考虑这个问题。中国这条科技"巨龙"已经苏醒。

第二章

中国科技企业的壮大

> 尽管中美贸易摩擦和未来科技领导地位的竞争日益激烈，但中国的科技巨头正在努力通过收购尖端数字初创公司不断壮大自身的力量。

马云几年前说过一句话：他的年龄已经太大，不能经营一家互联网公司了。他将辞去董事长一职，将大权移交给CEO张勇，他是一位在阿里巴巴工作了十几年的老将，同时也是阿里巴巴"双十一"购物狂欢节的创办者。马云逐渐把权力交给下一任管理者，以确保公司平稳过渡。这是一个困难的时期，中美贸易摩擦影响了美国的对华销售以及中国在美国的投资。在这个新的数字化零售环境中，阿里巴巴需要不断地投资，同时还要与国内"劲敌"腾讯展开激烈竞争。对于中国网络公司来说，当务之急是要通过规模化来保护自身业务，击退挑战者。

2018年"双十一"期间，我在上海的关键意见领袖晚宴上见到了阿里巴巴的两位高管。一位是阿里巴巴总裁迈克·埃文斯，他曾执掌高盛亚洲，是一名银行家，为阿里巴巴提供金融投资方面的建议，负责引领国际市场的业务增长。他是普林斯顿大学的优秀毕业生，还曾是经验丰富的华尔街高管，他对纽约的第五大道和上海的南京路都无比熟悉，并感到亲切。他对阿里巴巴的全球化前景充满信心。另一位是阿里巴巴的联合创始人蔡崇信，他曾是瑞典瓦伦堡家族银瑞达集团的私募股权投资经理，负责领导战略收购和投资。这位耶鲁大学法学院毕业生和体育狂热分子（他拥有美国圣迭戈长曲棍球的特许经营权，并部分拥有布鲁克林篮网队）是阿里巴巴创始人团队中唯一受过西方教育的人，正是他建立了阿里巴巴的财务和法律架构。与他交谈后我清楚地得知，阿里巴巴在中国和全球的兼并、收购和投资将是其称霸未来电子商务世界的关键一步。

科技公司：越大越好？

中国的大型科技公司一直遵循"越大越好"的传统商业智慧。它们把重要的事情迅速做大，把战略投资作为积蓄和维持力量的基础。规模扩张是科技巨头最重要的战略。它们已经进入了医疗、教育、金融、生物等以技术为核心的大型经济部门。创新工场的风险投资合伙人易可睿曾在北京和硅谷工作，他指出："中国科技巨头已经开始在国内外多个领域广泛投资，BAT几乎对所有技术都感兴趣。"

中国科技巨头的"超大化"战略规模超过了美国的FANGs，而后者已经收购了美国本土业务和核心部门，比如照片墙、YouTube、瓦次普、Messenger（脸书旗下的通信软件）、Waze（一款免费交通导航类应用程序）、Alexa、Zappos（美国一家卖鞋的B2C网站）和Twitch（实时流媒体视频平台）。

红杉资本中国基金合伙人迈克尔·莫里茨指出，对于中国顶尖科技公司来说，这是将剩余现金流进行再投资，建造庞大的、星座群般的卫星公司网络，以此来拓宽足迹、扩大影响力。这种以收购为主的方式与美国那些大型的科技公司不同,后者在股票回购和分红方面的支出比前者高得多。莫里茨指出,优步、爱彼迎和太空探索技术公司可能是人们关注的焦点,但中国科技巨头的业务规模和收购能力使中国成为毫无争议的领先者。[1]

BAT 的收购

近年来,BAT 三巨头一直在美国疯狂地进行收购,挖掘它们眼中的宝藏。2010—2018 年,百度、阿里巴巴和腾讯签署了 227 笔科技交易,交易金额达到 335 亿美元,占中国对美国科技产业 514 亿美元投资总额的 2/3。截至 2019 年,收购欲望最强的是腾讯,共达成 146 笔交易,投资金额高达 257 亿美元;紧随其后的是阿里巴巴的 51 笔交易,加上由其部分控股的支付宝的两笔交易,投资金额达 37 亿美元;百度则达成了 28 笔科技投资,投资金额达 41 亿美元。[2]

中国科技巨头与美国顶级风险投资公司梅菲尔德和恩颐投资,私募股权公司泛大西洋投资集团和凯雷投资集团,企业战略投资者通用汽车和华纳兄弟,以及日本收购能手软银集团展开了合作。它们还投资了美国打车行业领军者优步和来福车、电动汽车制造商特斯拉以及增强现实技术创新者 Magic Leap。

中国科技巨头直接从硅谷的风险投资家那里得到了启发。它们在硅谷寻找有前途的创业公司,并将其运营基地设在距离门洛帕克著名的沙山路不远的地方,这些公司是谷歌、脸书、eBay 等冠军企业的支持者。

腾讯起先在斯坦福大学所在地帕罗奥多的一座由教堂改造成的楼里设立了办公室，后来在附近扩展，建立了更大的加州基地。阿里巴巴在加州圣马特奥的国王大道设立了办事处，就在风险投资家蒂姆·德雷珀创建的硅谷英雄学院附近。百度则在硅谷高科技中心森尼韦尔建立了两个人工智能研究实验室。

在美国，中国的科技巨头已经与许多炙手可热的硅谷风险投资公司实行了共同投资，其中包括颇具影响力的风投巨头 Andreessen Horowitz，其主要合作伙伴创立了风靡一时的网络浏览器网景，网景后被美国在线以 42 亿美元收购。当中国的三大投资商来加州寻找科技财富时，往往被硅谷视为理想买家，因为它们出价更高，并可以提供进入中国市场的机会。总部位于帕罗奥多的投资银行公司威廉姆斯的创始人兼 CEO 戴维·威廉姆斯表示："中国投资商可以随意挑选投资目标。它们有风投的眼光，而且行动迅速。"

攫取软实力：好莱坞

好莱坞并没有在中国科技巨头与加州的爱情故事中缺席。马云曾经与李连杰一起出演了一部功夫电影，还与史蒂文·斯皮尔伯格的电影集团安培林娱乐合作制作过电影并将其引进中国。阿里巴巴影业集团已成为连接好莱坞与中国的娱乐中心。腾讯投资的位于美国伯班克的工作室胜图娱乐与迪克·克拉克制片公司合作，将金球奖和公告牌音乐奖带到中国，并投资了好莱坞大片《神奇女侠》。腾讯也共同出资制作了 2019 年的电影《终结者：黑暗命运》，并将其分销到亚洲。大连万达集团

（以下简称"万达集团"）收购了美国AMC影院公司，以及电影制作公司传奇影业。这些进军好莱坞的举动说明中国正在向美国最具标志性的软实力领域渗透，渴望在中国这个巨大且富有活力的电影市场中打造自己的好莱坞式工作室和制作公司。万达集团在中国北方港口城市青岛建造了世界上最大的电影制片厂，并吸引外国制片人来到这个庞大的建筑群中拍摄电影。但可惜的是，一部由马特·达蒙主演的、中美工作室斥巨资联合制作的动作片《长城》只取得了惨淡的票房成绩。

几年来，中国和美国之间的跨境投资一直在进行。但监管压力和金融危机令双方的投资人感到不安，这股投资浪潮正在消退。

2019年前后，美国对相关方面加强了监管，通过限制外国投资美国的战略性技术，避免潜在的经济和安全风险，来保护美国的竞争优势。中国扩大对美交易的倾向因此有所缓和。2018年，中国企业与美国科技企业进行了80笔并购和私募交易，略少于前一年的89笔，但交易额从2017年的105亿美元骤降至22亿美元。2016年的巅峰时期，中国在美的这类交易达107笔，交易金额达187亿美元。[3]

美国对中国收购和投资美国科技公司的审查日益严格，这也使得BAT按下了进军美国的暂停按钮。2018年，三大巨头在美国进行了31笔科技交易，交易数量略高于前一年，但规模较小，而且不同于过去"战利品性质"的交易，这些交易都属于高度战略性业务。[4]

与此同时，中国对美国的直接投资从2017年的290亿美元骤降至2018年的48亿美元,在2016年162笔交易创下460亿美元的最高交易额后,这是7年来的最低水平。[5,6]而且几乎没有新的待处理交易,这是5年来的新低。

中国政府对美国高杠杆交易的打击削减了两国的跨境交易。这主要是针对中国企业集团对美国科技、房地产、酒庄和好莱坞的投资。中国企业在2018年削减了130亿美元的美国资产,另外200亿美元的资产也会被出售,这是因为中国政府向企业施压,要求它们把削减债务的任务放在全球扩张之前。万达集团因此出售了美国比弗利山庄的项目,海航集团则放弃了希尔顿环球酒店的股份和位于特朗普大厦附近曼哈顿写字楼的所有权。中国可能会将2018年2月从负债累累的安邦保险集团手中接过的纽约华尔道夫酒店出售。2014年,安邦保险集团曾斥资19亿美元从黑石集团手中收购了华尔道夫酒店,对酒店进行了为期3年、耗资20亿美元的大胆修整。

这些政策波动也传到了好莱坞。中国房地产和娱乐集团万达集团斥资10亿美元收购金球奖、全美音乐奖制作公司迪克·克拉克的交易宣告失败。监管压力以及万达方面的支付问题是罪魁祸首。派拉蒙影业与上海华桦传媒的10亿美元电影融资交易也宣告破裂。在一笔利用直播趋势的娱乐和分销交易中,中国科技娱乐集团乐视斥资20亿美元收购美国洛杉矶电视机制造商Vizio,但该交易因现金短缺和监管问题被取消。2017年,由于美国对外国投资的担忧无法消除,有价值约80亿美元的交易被放弃。[7]

中国在美国的交易面临着来自特朗普政府更严格的审批,

第二章 中国科技企业的壮大

但许多对美国公司的技术购买仍然获得了批准,只要它们是在关键技术领域以外进行投资而不是收购。[8,9]2018年生效的《外国投资风险审查现代化法案》扩大了对美国外国投资委员会定向收购、少数股权交易,以及在半导体、自动驾驶或潜在军事应用等关键技术领域的风险投资审查。2018年,新加坡竞争对手博通公司收购圣迭戈芯片制造商高通公司的交易因潜在安全风险而遭到否决,这是外资持股政策收紧的一个例证。

美国贸易代表办公室发起的"301条款"可能会针对中国知识产权和技术转让出台更多限制措施。

监管力度的加强和审批的不确定性正在促使中国科技巨头从美国这个唯一的选择转向其他强大的技术中心,比如以色列和快速发展的东南亚地区。2017年,阿里巴巴在其子公司蚂蚁金服以12亿美元收购美国达拉斯的快速汇款服务"速汇金"的计划受到阻挠后,开始努力扭转这一局面。当时美国监管机构提出了美国用户的安全和隐私风险问题。为解决这一问题,蚂蚁金服承诺将数据存储在美国的服务器上,保证"速汇金"个人财务信息的安全。但该笔交易最终仍然未获批准,阿里巴巴只得向"速汇金"支付了3 000万美元的合同终止费。在遭到拒绝后,阿里巴巴在美国只进行了几笔科技交易,而且都是高度战略性的、规模较小的交易,比如收购纽约社交购物市场OpenSky等。

阿里巴巴早期的投资人、风险投资公司纪源资本的童士豪表示:"鉴于当前环境,阿里巴巴将要或能够在美国进行哪些投资,仍有待观察。去那些更欢迎它们的地方,比如东南亚或

039

印度，似乎更有意义。"

转战以色列

马云很重视对"创业之国"以色列的投资。2018年5月，他率领由35名阿里巴巴高管组成的代表团第一次出访以色列，访问了当地投资者，考察了以色列强势领域的初创企业，这些企业覆盖网络安全、增强现实、在线游戏、二维码、人工智能等领域。阿里巴巴迅速向大数据公司SQream Technologies投资了2 600万美元，参与了公共交通软件初创公司Optibus一轮4 000万美元的融资，在参与安全驾驶技术初创公司Nexar一轮3 000万美元融资的基础上还追加了投资。这些交易是在其在以色列的第一笔交易的基础上达成的。第一笔交易发生在2017年，阿里巴巴收购了个性化二维码设计公司Visualead，建立起特拉维夫研发中心。中国对以色列的投资有日益增长的趋势，它有效融合了资本和市场潜力。在进一步进军以色列的过程中，阿里巴巴会将其高科技研究实验室阿里巴巴达摩院扩展到以色列。

东南亚和南亚：下一个中国

中国的远期投资正指向东南亚和南亚，向该地区潜力巨大、人口众多、数字化敏感的市场挺进。这一趋势被贴上了"出海"的标签，"出海"实际上是一种来自日本的罐装酒精饮料，同时也是一个术语，指的是当中国企业家在国内移动互联网市场达到饱和时，瞄准海外新兴市场的现象。[10] 近年来，中

第二章 中国科技企业的壮大

国已将超过 2/3 的海外技术投资投向亚洲。[11] 在中国科技三大巨头的带领下，大量资金流向了新加坡、越南、印度尼西亚、马来西亚和印度的电子商务、搜索和出行初创公司。这些区域性交易与它们在中国的实力基础及它们对中国初创企业的投资同步。对中国来说，东南亚和南亚市场潜力巨大。亚洲初创企业的发展通常比中国落后至少 5 年，这一差距为中国投资者创造了绝佳的机会，使他们可以从投资亚洲下一代科技新星中获利，我的前瞻性著作《创业亚洲》就谈到了这个话题。[12]

中国正在从率先进军的东南亚市场中获益，相比之下美国公司则显得缓慢而笨拙。以优步为例，2016 年，优步被中国本土竞争对手滴滴超越后，这家美国打车领军公司的东南亚业务随后被其亚洲主要竞争对手、东南亚打车巨头 Grab 收购。亚马逊创始人兼 CEO 杰夫·贝索斯曾大张旗鼓地承诺投入 50 亿美元来开发印度市场的巨大潜力。印度报纸头版头条报道了贝索斯在印度创办亚马逊的消息，当时他正坐着一辆五颜六色的卡车，带着 20 亿美元的支票，以游行的方式进入孟买。但沃尔玛在 2018 年以 160 亿美元收购了印度电商巨头 Flipkart，从而击败亚马逊，在印度市场赢得了胜利。

为进一步巩固自己的据点，阿里巴巴向东南亚众多科技领导企业投入了大量资金，尤其是斥资 40 亿美元获得了新加坡电商巨头 Lazada Group 的控股权，并参与了印度尼西亚移动支付服务公司 Tokopedia 两轮 11 亿美元的融资。

腾讯也在这一地区寻找机会，投资了印度和印度尼西亚快速发展的出行和电商巨头，以及在越南和泰国的初创公司。

BAT 和 FANGs 对东南亚市场的进军情况，见表 2-1。

表 2-1　BAT 和 FANGs 对东南亚和南亚市场的进军

出行	BAT	2017 年，腾讯领投印度打车软件奥拉一轮 11 亿美元的融资
		2017 年，腾讯领投印度尼西亚共享出行服务 Go-Jek 一轮 12 亿美元的融资
	FANGs	2018 年，优步东南亚业务被新加坡打车巨头 Grab 收购，获得了 Grab 公司 27.5% 的股份
		2017 年，参与印度尼西亚共享出行服务 Go-Jek 一轮 12 亿美元的融资
电子商务	BAT	2016—2018 年，阿里巴巴蚂蚁金服对新加坡电商公司 Lazada Group 投资 40 亿美元
		2017—2018 年，阿里巴巴蚂蚁金服领投印度尼西亚电商平台 Tokopedia 两轮 11 亿美元的融资
	FANGs	2015—2018 年，参与印度数字支付应用 Paytm 一轮 13 亿美元的融资
		2014 年以来，亚马逊在印度投资了 50 亿美元
		2018 年，沃尔玛以 160 亿美元收购了印度电商领导者 Flipkart 77% 的股份

资料来源：硅谷龙论坛研究、标普全球市场情报、年度报告、新闻稿。

阿里巴巴和腾讯的东南亚和南亚投资案例，见表 2-2。

表 2-2　阿里巴巴和腾讯的东南亚和南亚投资案例

公司	投资类型	投资金额	市场	国家	年份
阿里巴巴					
Tokopedia	领投	11 亿美元	电子商务	印度尼西亚	2018
Lazada Group	投资	40 亿美元	电子商务	新加坡	2016—2018
Daraz	收购	2 亿美元	网上购物	巴基斯坦	2018

续表

公司	投资类型	投资金额	市场	国家	年份
Paytm	投资	2.22亿美元	网上支付	印度	2017—2018
Tokopedia	领投	11亿美元	电子商务	印度尼西亚	2017
腾讯					
Gaana	领投	1.15亿美元	流媒体音乐	印度	2018
Tiki	股份	未公开	电子商务	越南	2018
奥拉	领投	11亿美元	打车软件	印度	2017
Flipkart	共同投资	14亿美元	电子商务	印度	2017
Go-Jek	共同投资	12亿美元	共享出行	印度尼西亚	2017
Ookbee	投资	1900万美元	数字内容	泰国	2017
Pomelo	领投	1900万美元	时尚电商	泰国	2017
Sanook	收购	未公开	门户网站	泰国	2016

资料来源：硅谷龙论坛研究、标普全球市场情报、年度报告、新闻稿。

BAT 的扩张

尽管中美贸易和技术领域的摩擦和挑战不断加剧，中国科技企业仍雄心勃勃地要在这个赢家通吃的经济大环境中走向全球。中国科技三大巨头都在寻求超越国界和原始商业领域的投资。让我们按照 BAT 联盟的顺序，来看看这些巨头的策略吧。

正在变强的百度

百度果断地把自己的未来押在了多元化发展上，在搜索引擎技术的基础上增加了人工智能驱动的自动驾驶、智能交通和语音辅助智能家居设备技术。几年前，在一次中国业务的重要重组中，百度放弃了几项边缘又烧钱的线上业务，包括不敌腾讯和阿里巴巴的食品配送、手机游戏、在线旅游、网络购物、医疗保健等业务。百度外卖被卖给了对手——初创公司饿了么，如今为阿里巴巴所有。百度几年前以 19 亿美元收购的智能手机应用商店 91 无线已被剥离。百度也放弃了亏损的在线旅行网站去哪儿，由竞争对手携程旅行收购，从合并企业中获得一部分股份。百度的在线购物平台有啊被迫关闭，两次向医药领域的进军也宣告失败，其中包括百度医生 App。百度还剩下优步公司的少量股份，这部分股份是通过参与优步中国业务一轮 12 亿美元的融资所得，目的是将这一打车应用整合到其深受欢迎的地图服务中。当优步被其中国竞争对手滴滴收购时，百度获得了滴滴的一小部分股份，而滴滴目前也面临着自身的挑战。

为保持尖端人工智能技术的领先地位，百度 2017 年给其第二个硅谷研究实验室提供了 3 亿美元的预算，作为对 2014 年第一个研究实验室投资的补充。这个总部位于北京的巨头已经在西雅图设立了工程办公室，专注于对自动驾驶和互联网安全相关方面的技术研发。百度已经向美国的人工智能初创公司注入了大量资金，这些公司拥有深度学习、数据分析和计算机视觉等技术（见表 2-3）。风险投资公司创新工场，由人工智能专家、投资人李开复创办，总部位于北京。该公司的主管易可睿表示："在错过了过去几年的社交移动和电子商务浪潮之后，百度为避免重蹈覆辙，正在向各个领域的人工智能技术全力进军。"

表2-3　2018年百度投资美国科技公司的案例

公司	投资类型	投资金额	市场
Lunewave	共同投资	500万美元	自动驾驶传感器
Vesper	共同投资	2 500万美元	声音传感器
Sales Hero	共同投资	450万美元	人工智能销售助理

资料来源：硅谷龙论坛、标普全球市场情报。

阿里巴巴渴望投资的新团队

我与阿里巴巴高管蔡崇信、迈克·埃文斯进行过探讨，从这次讨论来看，阿里巴巴显然认为投资对企业的有机增长同样重要。从表2-4中可以看到，在2018年一次有力的行动中，阿里巴巴收购了估值95亿美元的食品配送服务饿了么，后将其与本地商业服务实体口碑合并，并为合并后的业务融资30亿美元。阿里巴巴此举有力反击了腾讯支持的配送服务App美团。当然，阿里巴巴的投资不全是成功的。例如，阿里巴巴斥资超过15亿美元投资了一家"烧钱"的共享单车初创公司OFO，这家公司曾是中国共享单车鼎盛时期一颗耀眼的明星。而OFO的主要竞争对手、腾讯支持的摩拜单车后被美团收购，并更名为美团单车。

表2-4　阿里巴巴投资情况介绍

公司	投资类型	投资金额	市场	年份
阿里巴巴对美国科技初创公司的投资					
Smartrac	投资	未公开	射频识别、物联网	2018
OpenSky	收购	未公开	B2B（企业对企业）电子商务	2018

续表

公司	投资类型	投资金额	市场	年份
NVXL Technology	投资	2 000万美元	机器学习	2017
EyeVerify	收购	1亿美元	安全	2016
Snap	投资	2亿美元	照片App	2015
来福车	共同投资	2.5亿美元	打车	2014
Quixey	共同投资	1.1亿美元	手机搜索	2013—2015
Tango Me	共同投资	2.8亿美元	通信App	2014
Kabam	投资	1.2亿美元	游戏	2014
阿里巴巴对中国科技初创公司的投资				
菜鸟	领投、共同投资	14亿美元	智能物流	2018
饿了么	收购	95亿美元	食物配送	2018
口碑	收购	10亿美元	本地商业	2017
饿了么/口碑	合并后融资	30亿美元	—	2018
小红书	领投、共同投资	3亿美元	社交电商	2018
OFO	投资	8.66亿美元	共享单车	2018
商汤科技	投资	6亿美元	人脸识别	2018
OFO	投资	7亿美元	共享单车	2017
优酷土豆	收购	40亿美元	视频分享	2016
微博	投资	7.2亿美元	微博客	2016
高德地图	收购	15亿美元	数字地图	2014

资料来源：硅谷龙论坛研究、标普全球市场情报、年度报告、新闻稿。

在美国，阿里巴巴的并购交易记录喜忧参半。从上表中可以看到，阿里巴巴成功地以1亿美元收购了美国堪萨斯州眼部扫描安全新创公司EyeVerify。自此EyeVerify成了支付宝移动生物识别和眼部扫描全球中心，用于银行、移动支付和安全的身份识别。但阿里巴巴在2014年IPO前夕达成的一系列硅谷式初创企业交易以失败告终，包括手机短信领域的TangoME、游戏领域的Kabam和移动搜索领域的Quixey，原因不是产品与中国市场不匹配，就是错过了时间点。蚂蚁金服收购汇款公司速汇金的计划受阻，严重打击了阿里巴巴进军美国市场的雄心壮志。

腾讯的全方位战略

腾讯专注于对不同公司的战略投资，这是其在互联网汽车和互联网医疗等前沿技术领域领先的法宝。外展投资也是防范游戏业务受监管动荡影响而衰退的一道屏障。腾讯已经达成了700多笔这样的投资，并且有着良好的业绩记录，有超过100家被投资公司估值超过10亿美元，其中60家为上市公司，这60家中又有12家是2017年以来上市的。腾讯打下的一场胜仗是对中国新一代巨头美团在IPO前的投资，这笔投资使其获得了约13亿美元的回报。

腾讯企业文化的核心是快速收购和投资，这是一种比内部创新更快取得成果的方式，因为内部创新可能需要数年的时间，而且回报是不确定的，尽管也有一些成功的例子，比如微信。

腾讯在金融服务领域采用"啥都干"的闭环战略，投资领域涉及财富管理、保险服务、消费贷款和微信支付等。腾讯也没有忽视人工智能革命，在中国投资了多达25家人工智能初创公司。

在美国，腾讯早期的许多投资交易对象是备受瞩目的美国科技巨头，比如优步、特斯拉和Snap，而如今，腾讯已经对生物技术、游戏和机器人领域的初创公司进行了规模较小的战略收购（见表2-5）。2019年初，腾讯做了一个出人意料的大胆举动，参与了美国社交新闻聚合网站红迪网一轮3亿美元的融资。这一交易引发了一些红迪网用户的抗议，他们认为中国公司的投资会带来审查问题。

表2-5　腾讯对美国科技公司的投资案例

公司	投资类型	投资金额	市场	年份
动视暴雪	5%股份	23亿美元	互动娱乐	2013
Epic Games	48%股份	3.3亿美元	电子游戏和软件	2013
Fab.com	共同投资	1.5亿美元	创意闪送网站	2013
拳头游戏	收购	4亿美元	游戏开发商	2015
格融移动	15%股份	1.26亿美元	游戏开发商	2015
Pocket Gems	投资（+2017）	1.5亿美元	手机电子游戏	2015
Smule	领投	5 400万美元	音乐资讯App	2017
Snap	12%股份	20亿美元	视频通信App	2017
优步	共同投资	12.5亿美元	打车App	2017
特斯拉	5%股份	未公开	电动汽车制造商	2017
圣杯	共同投资	9亿美元	癌症检测技术	2017
Essential Products	投资	3亿美元	消费电子产品	2017
体素科技	领投	1 500万美元	人工智能医疗	2017
Locus Bioscience	共同投资	500万美元	生物技术	2017
Hammer & Chisel	共同投资	1.5亿美元	游戏开发商	2018
Capture Technologies	共同投资	100万美元	事件数据分析技术	2018
Marble	共同投资	1 000万美元	机器人配送	2018

续表

公司	投资类型	投资金额	市场	年份
Skydance Media	投资	未公开	电影/虚拟现实	2018
红迪网	共同投资	3亿美元	社交新闻聚合器	2019

资料来源：硅谷龙论坛、标普全球市场情报、年度报告、新闻稿。

要在如此多元化的领域保持领先地位并不容易。腾讯作为中国社交网络和电子游戏之王的地位会被取代吗？短期内不太可能。

腾讯CEO马化腾和他亲自任命的总裁刘炽平想要杜绝这种情况的发生。刘炽平曾是高盛集团的银行家，拥有斯坦福大学和美国西北大学的双硕士学位。腾讯推出的一项培养年轻人才的计划，承诺让年轻员工晋升到1/5的空缺职位。腾讯已经逐步迈向第30个年头，为专注于云计算和支付等商业服务进行了重组。腾讯成立了一个技术委员会，用来加强研发。

游戏开发和更多游戏收购

多年来，越来越多的游戏收购和投资让腾讯及其投资团队、法律团队非常忙碌。仅2018年，腾讯就通过投资和购买股份占据了2018年五大游戏交易中的4笔，包括以20亿美元购买了威望迪环球集团在法国电子游戏开发商育碧的股份，以及几笔对中国游戏公司的较小规模投资。[13] 2015年，腾讯在美国斥资4亿美元收购了总部位于洛杉矶的游戏公司拳头游戏，该公司是深受玩家欢迎的计算机游戏《英雄联盟》的运营商。腾讯最大一笔游戏交易是2016年以86亿美元高价收购了芬兰游戏巨头超级细胞。2012年，腾讯还成了美国艺铂游戏公司的小股东，后者是游戏界轰动一时的《堡垒之夜》的幕后工作室。

一切都进展顺利，但2018年中期，腾讯的游戏业务被迫减速。为打击上瘾和暴力游戏内容，中国监管机构冻结了对新网络游戏的审批。腾讯利润下滑，网络游戏销售增速放缓，股价暴跌。长期持股的南非媒体和互联网集团纳斯帕斯（南非报业）从2001年开始为腾讯融资，并从中盈利100亿美元，同时也减持了2%的持股，降为31%。直到2018年12月，中国监管机构批准腾讯推出一批新的智能手机游戏，情况才有所好转。最终，腾讯以手机游戏收入增长24%，计算机游戏收入下降8%的成绩度过了这一年。

腾讯和阿里巴巴的竞争

在总部中国，腾讯的收购风格就像一个勇猛的战士，在多条战线上与主要竞争对手展开较量。腾讯将阿里巴巴视为对手，在电商领域展开可以对阿里巴巴产生致命打击的收购，比如购买了社交商务颠覆者、纳斯达克上市公司拼多多18.5%的股权。腾讯还投资了短视频App抖音的竞争对手快手视频App。

在2013年和2014年，腾讯主要在当时炙手可热的中国网站和搜索初创公司中持有少量股份，包括以7.36亿美元购买了类似Craigslist（美国分类广告网站）的58同城的20%股份；以4.48亿美元购买了搜索引擎搜狗36.5%的股份；以1.8亿美元购买了线上房地产服务平台乐居15%的股份；还持有App制造商猎豹移动两位数的股份。

腾讯的梦想正在破灭吗？

从腾讯的一连串收购和交易记录中，一些观察人士得出结论：这个科技巨头已经失去了创新的梦想和激情。[14, 15] 科技博客作者潘乱在一篇被大量阅读的文章中写道：一家科技企业的核心竞争力应该来自产品创新，而腾讯忽视了这一点。他指责腾讯正在成为核心领域的投资者，而不是创新者。

但腾讯为其多元化战略做出了辩护——该战略曾被比作"（往食物上）撒胡椒粉"。腾讯的投资管理合伙人李朝晖在接受采访时解释了公司的交易逻辑：腾讯只投资与其核心业务——消费互联网相关的领域，但由于互联网的跨行业扩张和融合，腾讯必须不断进入新的领域。[16]

腾讯能像开发微信那样，加速赢得游戏领域的其他胜利吗？答案掌握在腾讯自己手中。随着腾讯在通信和娱乐领域的不断发展，其领先地位将越发难以被超越，当然，没有任何美国竞争对手能够尝试在中国进行真正的超越。

第三章

新一代中国科技企业迅速发展

中国的科技后起之秀紧跟BAT的步伐，凭借能与苹果抗衡的智能手机、联网智能家居、随叫随到的外卖点餐服务、精彩的短视频，以及人工智能技术支持的新闻传播，引领着中国科技的未来。

小米：东方的苹果

中国科技企业家雷军有时被称为中国的史蒂夫·乔布斯。他是中国知名的企业家之一，就像乔布斯在硅谷一样。他以乔布斯般的精神创办了中国智能手机制造企业小米，复制了乔布斯的产品和风格，甚至模仿了他在苹果产品发布会上的着装——蓝色牛仔裤和黑色T恤。在一次介绍产品时，他还戏谑地引用了乔布斯的经典名言"Just one more thing"（还有一件事）。小米的零售店类似苹果零售店的极简风。作为亿万富翁、天使投资人和连续创业者，雷军欣然承认，在读了《硅谷之火》这一有关早期计算机产业的书之后，他想追随乔布斯的步伐，实现某种"酷"的元素。他对乔布斯的敬仰之情表明，中国一直把硅谷视为目标。在我所见过的中国科技企业家中，智能手机制造商雷军是最接近传奇人物乔布斯的。而现在，苹果正在效仿小米，将更多能够创收的、基于订阅的娱乐、新闻内容整合到苹果手机上，而这些是小米手机从一开始就有的。

中国市场要求企业做到高速、精准地执行，并要关注赢利前的高速成长。这可能是一个赢者通吃的市场。除了小米酷炫的智能手机，其他一些中国企业也在这个联盟中崭露头角，包括人工智能驱动的新闻 App 今日头条和短视频 App 抖音、超级 App 美团和叫车服务 App 滴滴出行。这个由今日头条、美团和滴滴出行组成的联盟被简称为"TMD"，与 BAT 三大巨头遥相呼应。因为 TMD 在中文里是一种粗鄙的话，所以我不太喜欢用这个缩写词。我们不如把这些新一代 BAT 公司加上小米的"X"，称为"XTMD"，这些公司以移动互联为中心，服务当今持续在线的年青一代，利用最新的人工智能和数据分析技术，在创新和规模上实现领先。它们的商业模式和产品特点往往领先于西方，有时甚至被西方复制。

今日头条运用机器学习将聚合内容的个性化信息推荐给在线读者，相当于一个有大脑的 BuzzFeed（美国新闻聚合网站）。抖音推出的 15 秒音乐视频片段，类似色拉布（Snapchat）推出的"滤镜挑战"。美团是一个一站式的超级 App，集优食（Uber Eats）、卡雅（Kayak）、Yelp（美国点评网站）和高朋（Groupon）的一系列服务于一体，包括食品配送、旅游预订、电影购票等。中国的优步——叫车初创公司滴滴出行，在中国打败了优步。小米主要因其价格实惠、质量上乘的智能手机被人们所熟知，但其大部分收入来自互联网服务和互联网连接设备。

这些第二梯队巨头站在取得突破性进展的中国本土科技公司的最前沿，并已将风险资本的估值提高至数十亿美元的水平。小米和美团已经在 2018 年上市。下一个上市的可能是字节跳动，这家迅速发展的公司开发由人工智能驱动的新闻 App

今日头条和短视频App抖音。滴滴可能需要更长的时间（更多关于滴滴的介绍，见第七章）。这些新的科技巨龙正在"喷火"，同时也面临着巨大的风险。像世界上许多高速增长的公司一样，它们不具有稳定的盈利能力。中国的科技三大巨头BAT——百度、阿里巴巴和腾讯可能会将更多的资金带入这些领域，从而吞并它们。新来者也会对这些企业形成威胁，如果它们不能带来更多新的惊喜，就有可能被取代。中国新一代科技初创企业为何能走得那么快、那么远？

小米手机

在2019年之前的9年，中国智能手机初创企业小米发展迅速，累计营收170亿美元。虽然三星和苹果是美国人热衷的智能手机品牌，但在亚洲，小米凭借自己酷炫的产品，与这些领先制造商展开了激烈的竞争。这些手机借鉴了苹果手机的一些设计元素，但售价不到其一半。小米手机曾获得多项设计大奖，小米公司在国际上拥有7 000项专利（截至2019年）。该公司通过快速创新和扩大规模，推出了价格便宜且功能齐全的高品质手机，彻底改变了世界对"中国制造"的刻板印象。小米曾被称为"中国的苹果"，但它通过折叠手机、超薄型号、超大屏幕和全陶瓷手机外壳等几项创新，赢得了许多怀疑者的支持。

但小米仍然无法摆脱模仿者的形象。其在2018年创办8周年之际巧妙地推出了小米8手机，与iPhone X（售价1 000美元）的外形十分接近，且在人脸识别等功能上也有相似之处，因此被贴上了"模仿者"的标签。[1]

有点像亚马逊和谷歌？

小米经常被比作苹果，但创始人雷军更喜欢称他的初创公司为"像带有谷歌元素的亚马逊"。[2] 就像亚马逊推出 Alexa 语音激活设备、谷歌推出智能家居扬声器和灯，小米也在网上销售智能连接设备。小米手机运行的米柚系统，其实是一个经过调整的安卓操作系统。小米最适合被形容为"苹果+"，加上现在苹果正专注于拓展娱乐服务领域，这样形容就再适合不过了。小米有 3 个主要业务领域。其智能手机预装有数十款音乐、视频和游戏 App，在亚洲很有名，每月为 1.9 亿互联网用户提供服务。鲜为人知的是——可能在美国根本不为人所知——小米还制造和销售各种互联网连接设备，如笔记本电脑、电视、扬声器、路由器、电饭煲、吸尘器、电风扇、空气净化器等。此外，小米还经营电子商务网站小米商城，并在亚洲和欧洲的零售店经营着一系列家居用品和生活用品。这种线上和线下相结合的销售和服务网络并不那么容易被复制。该公司在 2018 年时的基本资料见表 3-1。

表 3-1 小米基本资料

地点	北京
创始人	中国连续创业者、天使投资人雷军
成立时间	2010 年
业务领域	智能手机、网络连接设备、智能家居生态链
财务状态	2018 年达到 170 亿美元营收，同比增长 53%，无利润，在香港证券交易所上市，于 2018 年中期 IPO，融资 47.2 亿美元，估值 540 亿美元
值得关注的事	小米是世界上第四大智能手机制造商，被视为中国的"苹果"

小米的庞大用户群被称为"米粉",他们定期在网络论坛和社区中提供关于产品最新功能的反馈。他们对小米公司推出的价格优惠、质量上乘的手机充满热情,这些手机采用了创新技术,如由人工智能驱动的双摄像头、无线充电、人脸识别、弧形陶瓷外壳以及为用户定制的功能。他们也喜欢这样的价格:小米手机的价格从入门级的115美元到高端的430美元不等,远远低于苹果手机800美元的平均售价。热切的消费者会在新开业的小米旗舰店外排队数小时。小米曾在伦敦的专卖店为新款高性能手机小米8 Pro举行过一次促销活动,这款手机配有透明的后盖,上面有微小的文字"Innovation for Everyone"(让每个人都能享受科技的乐趣)。小米用手机上的振动代替扬声器,并被中国智能手机制造商魅族在其Zero产品中借鉴并改进,用于在2019年世界移动通信大会上推出无按钮、端口和扬声器的未来概念手机。

一条坎坷的道路

小米短暂的历史是坎坷的。这家公司在2018年7月9日上市时表现抢眼,融资47.2亿美元,估值达到540亿美元。这是自阿里巴巴以来中国科技领域规模最大的一次融资。然而,在贸易和技术紧张局势升级之际,IPO募集到的资金远低于预期的1 000亿美元。影响投资人决策的另一个因素是对小米公司性质的判断:小米究竟是一家智能手机制造商,还是一个不断扩大的在线服务集团?在IPO上市数月后,随着全球智能手机需求量下降,该公司股价一直徘徊在远低于上市首日的水平。尽管小米在IPO后第一季度实现了12亿美元的净利润，但其盈利能力依然具有不确定性。

不可否认的是，小米的整体增长令人印象深刻。小米占据了全球8.4%的手机市场份额，在全球同类企业中排名第四，仅次于三星、苹果和华为。[3]在中国，小米曾短暂地领跑了这个全球最大、占近1/4销量的智能手机市场。[4]但小米没能跟上市场的超高速扩张，排名滑到了第四，落后于华为和另外两家中国本土新创企业。

小米的核心力量一直是其智能手机业务。小米的业务有近2/3来自智能手机，近2/3的营收来自中国。但就像许多中国科技巨头一样，走出中国显然是小米的一个目标。小米在进入印度的三年半时间内就成功赢得了市场，并正在扩大其在欧洲的影响力。

打入美国市场仍是一个关键目标。创始人雷军表示，他一直在考虑进军美国市场，并曾计划于2019年完成该目标。但对小米来说，进入美国市场仍是一个严峻的挑战。小米手机上装有的App只适合中国市场。2019年并不是小米在美国推出手机的最佳时机，因为美国出于安全原因，不放心从中国制造商那里购买手机。体现中美贸易摩擦的一个例子是，美国零售商百思买于2019年前后下架了中国的华为手机。与其他中国科技巨头一样，小米也转向了自己更熟悉的本土市场，并开始研发自己的芯片，以减少对高通等美国供应商的依赖。

2018年，我与小米产品管理总监宋嘉宁会面，他相貌堂堂，举止沉稳，是小米在西方市场的理想代言人。当时他在纽约尝试树立公司在美国的形象，并宣传其最新进展。小米的公关团队在曼哈顿市中心建立了一个展厅，他向我介绍了一系列智能家居产品和小配件，包括蓝牙耳机、摄像头、扬声器、恒温器、便携式充电宝等。其中一些产品在亚马逊上销售，但在美国市场很难找到小米手机，除非你在 eBay 等网站上搜索。

顾客可以在位于法国、西班牙、意大利和英国的小米之家购买小米手机和智能配件。除了欧洲的门店，小米在中国还有超过 300 家门店，在印度也有几家。2019 年时，小米计划在全球开设数百家新店。

是什么激励着雷军？

小米的迅速崛起，可以追溯到创始人雷军作为科技连续创业者和天使投资人在中国软件和互联网市场前沿取得的良好成绩。雷军出生在湖北省的一个小镇上，很小的时候他就迷上了计算机。他仅用两年时间就在中国享有盛誉的武汉大学获得了计算机科学学士学位。雷军早年在北京的中国软件制造企业金山软件担任工程师，并在 1992 年加入金山后，于 6 年内升任 CEO。他的梦想是让金山成为一家类似微软的世界级科技公司。金山曾一度成为中国最常用的办公软件产品制造商，但激烈的国外竞争和猖獗的国内盗版几乎使金山破产。工作狂雷军虽然看上去有些孩子气，却帮助金山公司从单一的文字处理业务拓展到了多样化的游戏和安全软件业务，并于 2007 年在港交所成功上市。上市后，雷军离开了金山，但在 2011 年，他再次出任公司董事长，引领金山进入移动互联网领域。

根据《福布斯》杂志的报道，2019 年时雷军的净资产达到 99 亿美元[5]，他转向了具有较大影响力的天使投资，并成立了自己的基金——顺为资本，拥有 20 亿美元的资产。他的人脉让他接触到了几家有前途的初创企业，这些企业成了中国新兴互联网市场的赢家。他在网上书店、电子商务网站卓越网的开发和集资上发挥了关键作用，该网站在 2014 年被亚马逊以 7 500 万美元收购。他还投资了 1.15 亿美元给在线服装零售商凡客诚品。他和朋友对移动互联网浏览器 UC 浏览器进行了 6.3 亿美元的共同投资，阿里巴巴在 2014 年以 38 亿美元收购了该公司。2012 年，随着社交游戏门户网站 YY 在纳斯达克成功上市，他在 YY 上的 100 万美元投资为他赢得了价值 1.29 亿美元的股份。

但雷军最成功的一次尝试是创办小米公司。他的愿景是制造并销售一款设计精良、价格低廉的手机，横扫中国新兴的移动互联网市场。2010 年，他与前微软和谷歌工程师、小米公司总裁林斌，以及一个由 6 名联合创始人（他们都是训练有素的工程师或设计师）组成的团队共同创办了小米。他们的模式是用价格合理的手机提高用户使用率，赚取微薄的利润，并基于用户和开发者的反馈进行持续更新。他们没有在市场营销和广告上花费大量资金，而是主要依靠闪电销售、口碑代言，以及对消费者的限量直销，这与苹果标志性的、华丽的电视广告完全不同。

小米的征程

2012 年，在创办后的两年内，小米的年销售额突破 10 亿美元。到 2014 年，小米的销售额飙升至 100 亿美元，超越三星、苹果和华为，成为中国领先的智能手机品牌。但在之后的两年，小米手机销量持续下滑，在中国的排名跌至第四位。这一问题的根源是零售分销不足和供应链短缺。

中国电信巨头华为领跑，而另外两个以中国欠发达地区为销售重点的低成本中国品牌 OPPO 和 vivo 也领先小米。[6]

雷军和他的偶像乔布斯一样是一名微观管理者，也是一位每周工作 100 个小时不知疲倦的员工。2017 年，雷军带领他的团队成功复出。他的扭转策略是：小米在 5 个季度内投入巨资，在 51 座中国城市将小米之家零售店扩张至超过 331 家门店，增加印度的零售业务，与之前的纯线上渠道进行整合，并将分销网络扩大到第三方。他还通过社区论坛在网上培养了一批"米粉"。小米扭转局面的关键是其推出的一系列受欢迎的高质量陶瓷外壳小米 MIX 系列手机，该系列手机采用全面屏显示和超薄机身。雷军称，从未有过一家智能手机制造商像小米一样在销量下滑后成功实现反弹。为此，他和他的团队做到了"007"，即一周工作 7 天，每天工作 24 小时。

小米的优势：硬件和软件

小米的商业模式是其创造力的另一个方面，创始人雷军将小米的商业模式形容为由 3 个协同增长的支柱组成的"铁人三项商业模式"。手机销售占小米收入的大头，约 70%；物联网小工具和消费品（甚至是行李箱）占 21%；网络增值服务（例如游戏）占 9%。

科技调研公司 Stratechery 的创始人、科技与媒体分析师本·汤普森指出，乍一看，小米似乎只是一家拥有智能手机和智能电视的硬件公司，但实际上它已成功地成为"第一家拥有一系列智能硬件产品的物联网公司"[7]。他认为，小米是罕见的在硬件和软件方面都取得了成功的公司，阿里巴巴和亚马逊（拥有 Kindle 电子阅读器）也涉足了硬件，但并未将其作为核心业务。

小米有效地运用了"剃须刀 + 刀片"营销模式，通过低成本销售一件商品，以增加另一搭配商品的销量。小米将智能手机和智能家居用品的成本控制在一个水平，将利润率限制在 5% 以内。这有助于建立客户群，然后将这些用户吸引到其多个音乐、视频和游戏 App 上，这些 App 可以通过广告、订阅和虚拟礼物来赚钱。苹果，请学学这种方法吧！

小米的合作伙伴

小米商业模式的另一个转变来自其孵化或投资的约 100 家合作公司。这些合作伙伴是小米成长的支柱。它们生产联网设备以及感应夜灯、净水器等家居用品，这些产品是为中国崛起的中产阶级准备的，他们第一次为自己的家配上这些新设备。频繁的产品介绍和调整将吸引消费者不断回购更多产品。小米的两个合作伙伴于 2018 年在纽交所上市，一个是健身追踪设备制造商华米，该公司 2018 年末的销量超过了蜚比（Fitbit）和苹果手表；另一个是智能家居产品制造商云米。

90 分钟按下投资按钮

小米多管齐下、互联互通的商业模式与众不同，堪称领先。"对于投资人来说，要想完全理解小米的模式是非常困难的，这是小米独有的模式。"董事会观察员童士豪如是说，他早在 2010 年 1 月就开始投资小米。

小米在 2014 年起飞并遭到抄袭指控，当时童士豪在接受我的采访时强烈反对小米是苹果复制品的说法。他向我指出了 3 个关键的区别：第一，小米有定制功能；第二，小米每天都依靠社交媒体反馈来调整功能；第三，小米最初依靠的是网络直销和口碑广告。

他还讲述了当小米似乎还只是一个疯狂的想法时，是什么让他投资了小米。当时，小米还是一家只有十几名员工的小公司，没有硬件行业的经验，无法与几个知名品牌竞争。位于中国香港的晨兴资本的风险投资人刘芹在亿万富翁陈启宗的支持下，也几乎从第一天起就为小米拉动了投资杠杆。而创始人雷军勾勒出的愿景——他当时甚至没用 PPT 进行介绍——促使童士豪在大约 90 分钟内就决定投资：

- 未来 10 年，智能手机将取代笔记本电脑。
- 智能手机将内置本地化和定制功能，可以定期更新。
- 直接面向消费者的销售渠道将绕过中间商，节省下来的成本可以让利给消费者。

- 一个由海归和本土人才组成的世界级团队将管理这家初创公司。

2012年,小米筹集了2.16亿美元的风险投资,投资者包括原有投资人、IDG资本、新加坡国有投资公司淡马锡和DST全球创始人尤里·米尔纳等,他们对这家初创公司的估值达到40亿美元。在初始投资完成后的4年内,小米又于2014年从马云的云锋基金、DST全球和其他公司筹集到11亿美元资金。这些交易使小米的市值达到450亿美元,为其成为全球市值最高的独角兽企业奠定了基础。

雷军持有公司约30%的股权,IPO前一天,他在给员工的一份说明中自豪地指出,小米最早的500万美元风险投资,已经获得了866倍的回报!他写道:"谁也没想到,这家不起眼的小公司,此后实现了史诗般光辉的创业历程。"[8]不仅如此,在这个由8名工程师和设计师组成的早期联合创始人团队中,有3人在IPO后成了亿万富翁。其中两人曾在微软或谷歌从事技术工作,另一人曾在金山与雷军共事。

走出中国

小米凭借中国智能手机的爆炸式普及,以及向印度等新兴市场的拓展,迅速实现了规模扩张。在印度这个仅次于中国的全球第二大智能手机市场上,小米的低价使其成为销量最大的智能手机。国际销售额从几年前的几乎为零上升到了占74个国家和地区销售额的1/3。小米凭借其价格合理的手机赢得了印度消费者的青睐,这些手机提供了定制的本地化功能,比如可以降低手机温度的热敏控制器，以及能够适应功率波动的充电器。

雨果·巴拉是一位来自巴西的科技天才，雷军在 2013 年从硅谷谷歌的安卓团队把他挖来后，让他领导了小米的国际推广工作，并连续几年让他担任小米的代言人。由于创始人雷军还在学习说英语，巴拉的加入对小米来说是个意外收获。

巴拉在 2017 年决定离开小米，回到硅谷更熟悉的领域，与脸书旗下子公司 Oculus 一起，领导脸书的虚拟现实业务。2019 年，他又负责了增强现实和虚拟现实的全球伙伴关系业务。接替他在小米任职的是曾长期担任高通中国区高管的王翔。

小米当时的对外推广计划是于 2020 年前在印度开设 100 家小米之家。除了印度，小米还在印度尼西亚这个巨大市场追赶着领先的三星。小米已经在俄罗斯、希腊、埃及、波兰、保加利亚、捷克、哈萨克斯坦和几个亚洲市场跻身排名前五的智能手机品牌。

小米的下一步计划是什么？它正在进军金融科技领域。在小米联合创始人、工程师洪峰的领导下，一家新的子公司小米金融正在利用公司的数据为供应链中的小公司提供小额贷款、转账、账单支付、网上银行、货币市场基金等金融服务。小米在其智能手机中预装了这些金融服务 App，它还投资了印度借贷初创公司。这些举措让小米在阿里巴巴和腾讯熟悉的领域占得一席之地。在一个全新的领域与前辈科技巨头竞争是否太过艰难？这是一个值得思考的问题。

但显而易见的是，小米想要进入美国直接与苹果竞争仍然很困难，特别是考虑到目前的技术和贸易摩擦。这种情况将持续多久仍有待观察，其间小米将在别的地方寻求增长。

中国的直播业务

获奖纪录片《虚你人生》捕捉了中国直播名人的怪异世界，以及他们在一个与世隔绝、日渐孤独的社会中通过网络追名逐利的过程。两位年轻的直播明星每月收入高达4万美元，他们的演唱、舞蹈、喜剧和表演以嘻哈乐、流行乐、摇滚乐及电子乐为背景，还配有表情贴纸和动画特效。网上的粉丝点赞、评论，并且赠送他们虚拟礼物，如用真正的钱购买的虚拟的玫瑰花等。这部纪录片讲述的对象YY是中国早期的直播平台之一。2012年，我出席了YY在纳斯达克的IPO，当时这家社交娱乐服务公司融资了8 300万美元。我看到YY的创始人兼CEO李学凌，以及他的投资人，包括小米的雷军、纪源资本的李宏玮和晨兴资本的刘芹，都骄傲地在时代广场中央举着他们的浣熊吉祥物公仔欢呼庆祝。欢聚时代在2019年时是一家价值数十亿美元的公司，它已在中国科技界崭露头角。直播业务已经成为一项价值50亿美元的业务，中国近一半的互联网用户都看过直播。YY开创了直播商业模式，从广告代理商和粉丝送给表演者的虚拟礼物中赚钱。

字节跳动：新的"B"

在当今快速发展、竞争激烈的数字市场上，一种新颖的、较短的 15 秒自拍音乐视频形式的流媒体出现了。它由中国新创公司字节跳动推广开来，字节跳动是目前世界上估值最高的初创公司之一，也是网飞、YouTube、色拉布、腾讯以及 YY 的新挑战者。

字节跳动创始人、连续创业者张一鸣有一种能够预测内容趋势，并利用人工智能将新闻和娱乐带到一个全新水平的本领。他的 App 利用机器学习找出观众和读者喜欢的事物，为他们个性化定制信息流，并且通过每一次使用，使推送变得更加精确。他的视频和新闻 App 在全球都有追随者，这意味着他的内容平台初创公司字节跳动可能是中国第一个全球互联网成功案例。

早在 2012 年，张一鸣就意识到数字媒体正在迅速取代报纸阅读，于是推出了自己的旗舰产品，一款名为"今日头条"的新闻 App。2016 年，他推出了第二款媒体 App，即 15 秒短视频 App 抖音和海外短视频产品 TikTok。这些内容各异的由用户自创的视频，在"千禧一代"中流行起来，而且几乎不需要翻译。字节跳动的新闻和视频 App 都已经成功地在国际上成为主流，这表明中国在消费移动互联网上的商业模式也可以适用于中国以外的地区。

作为这些广受欢迎 App 的年轻创造者，张一鸣正在履行自己的使命，正如公司网站上所写的那样，"致力于将人工智能的力量与移动互联网的发展结合起来，改变人们消费和接收信息的方式"。他声称字节跳动是"首批推出由机器学习技术提供动力的移动优先产品的公司之一"[9]。

他的两款 App 都利用人工智能技术来为用户匹配广告和内容。与 YY 一样，其变现也多来自虚拟礼物和新创的迷你商店，在那里，用户可以直接在 App 内购买商品。字节跳动已经成为社交媒体界一颗冉冉升起的新星，可能会成为继百度之后的下一个 B。它甚至遭到了脸书的抄袭和抹黑。

撇开这些挑战不谈，字节跳动代表着中国互联网服务的突破，以及这些服务在中国以外地区日益增长的影响力。其新闻 App 今日头条每天吸引 1.2 亿读者。在脸书被屏蔽的中国，用户每天花在这款应用程序上的时间远远不止一个小时，超过了微信和微博用户的平均使用时长。海外版新闻产品 TopBuzz 的月活跃用户数为 3 600 万。字节跳动旗下的短视频平台 TikTok 在全球的月活跃用户数已超过 5 亿。[10] TikTok 已经与 YouTube、照片墙、色拉布和飞书信（Messenger）一起，跻身全球下载量前 20 的苹果商店应用程序。[11] 字节跳动收购了 Musical.ly——一款在中国境外拥有大量粉丝的中国社交视频 App，并将其与 TikTok 合并，这之后 TikTok 的国际影响力得到了进一步提高。

字节跳动创始人张一鸣在福建省南部长大，从南开大学毕业后成为一名软件工程师。他凭借自己在工程方面的聪明才智、远大志向和消费直觉成为亿万富翁，在 2018 年《福布斯》中国 400 富豪榜上排名第 25 位。[12] 据报道，由于极端独立，他拒绝了至少一家互联网巨头对字节跳动的收购要约。比起为腾讯或阿里巴巴工作，他拥有更广阔的国际视野。事实上，他的初创公司在短视频领域击败了腾讯。

张一鸣此前一直在试图创业。在微软短暂工作一段时间后，他创办了旅游预订网站酷讯网。该网站在2009年被出售给猫途鹰，后来又转售给了中国初创企业美团。张一鸣还曾开发出一个火车票预订程序，使用户可以在旅游旺季用短信查询是否有票，并用短信购票。

当张一鸣第一次提出开发由人工智能驱动的新闻聚合器App时，他的想法并未让诸多投资人信服，他们难以相信他可以超越腾讯或百度。但在2012年，他成功说服了海纳亚洲创投基金及其具有前瞻性眼光的董事总经理王琼，并成功签约。随着字节跳动旗下App吸引力的不断增强，红杉资本中国基金在2014年中期领投了一轮1亿美元的资金。2017年4月，红杉资本中国基金与中国建设银行旗下的投资机构建银国际共同投资10亿美元，使公司估值达到300亿美元。2018年9月，字节跳动超越优步，跃升到最具价值独角兽创业公司榜首，当时软银和私募股权公司KKR集团在超过750亿美元的估值下对其投资了30亿美元。这家初创公司的投资者还包括泛大西洋投资集团、高瓴资本和俄罗斯亿万富翁尤里·米尔纳。该公司2018年时的基本资料见表3-2。

字节跳动的下一步可能是上市。2018年，一家类似的、以动漫和游戏为主题的中国视频流媒体网站哔哩哔哩已经在纳斯达克上市。

表 3-2 字节跳动基本资料

地点	北京
创始人	中国连续创业者张一鸣
成立时间	2012 年
主要创新	人工智能驱动的短视频 App 抖音和新闻 App 今日头条
状态	私人持有，估值 750 亿美元，世界顶级独角兽公司
值得关注的事	可能是中国第一个全球互联网成功案例

张一鸣因为抖音的成功一路高歌猛进。抖音实际上与推特在 2012 年收购的美国短视频分享应用程序 Vine 很相似，但该 App 未能跟上美国发展的步伐，在 4 年后就被关闭了。可以肯定的是，推特现在一定很后悔当初没有坚持更久一些。

这款短视频 App 的流行已经引起了 YouTube、脸书、色拉布、腾讯视频和爱奇艺的关注。脸书也参与了进来，推出了一款名为 Lasso 的短视频 App，该 App 被广泛认为是抖音的山寨版本。Lasso 允许美国用户通过脸书登录。脸书旗下的照片墙也加入了进来，其 2016 年推出的 Instagram Stories 功能包括 15 秒的短视频，该功能迅速吸引了 4 亿用户。腾讯和百度各自在中国推出了自己的短视频 App，腾讯与百度资本、DCM 资本、晨兴资本和红杉资本中国基金共同投资了抖音在中国的主要竞争对手快手。

如果你认为这个市场容量很大，那么你得认识到，这个新市场的风险非常大。作者写作本书时有人预测，到 2020 年时，中国过热的短视频应用市场将达到 141 亿美元的规模[13]，这在中国 176 亿美元视频流媒体市场中占据了相当大的份额[14]。

美国电影和电视制片公司的高管正在关注此事。《吉米今夜秀》主持人吉米·法伦也加入了这股短视频热潮，这位深夜电视喜剧演员发起挑战，要求观众在地上一边翻滚一边观看一部西部老电影的短片段。娱乐业高管杰弗里·卡森伯格加紧打造了一个名为 Quibi 的移动视频平台（原名为 NewTV）。阿里巴巴是其在 2019 年前后 10 亿美元融资计划的早期投资者之一。卡森伯格已经聘请了 eBay 和惠普前 CEO 梅格·惠特曼来管理 Quibi。

激烈的移动流媒体之战

在中国，腾讯和字节跳动正在争夺市场领先地位。

冲突始于 2017 年，当时谣传腾讯投资 3.5 亿美元，收购了估值 30 亿美元的字节跳动的头号对手，由前谷歌和百度程序员宿华创办的中国视频直播运营商快手（事实并非如此）。[15] 第二年，字节跳动和腾讯的创始人在微信朋友圈中发生了争执。在腾讯恢复并发布视频剪辑功能和新闻阅读功能后，张一鸣指责腾讯抄袭自己的产品。两家公司轮番指责对方的不正当竞争和诽谤行为。2019 年初，字节跳动进军腾讯的领域，推出视频通信 App 多闪，用户可以在该 App 上分享 72 小时限时可见的视频。

百度也蠢蠢欲动。这家科技巨头凭借短视频 App 好看视频加入了竞争，并指控微信朋友圈屏蔽百度的视频内容。

世界上第一个人工智能新闻主播

字节跳动正在以其他方式改变着一切，主要是在传统的新闻收集和传播方式上的改变。它旗下的今日头条 App 基于用户偏好的机器学习算法，向在线读者推送其感兴趣的新闻和评论。今日头条从用户明确的兴趣爱好中策展出个性化新闻。

在人工智能新闻策展方面，中国领先于美国。2018 年，世界上第一位模仿真人主播的人工智能新闻主播在中国官方媒体新华网进行直播，随后这件事在美国消费者新闻与商业频道的《财经论坛》栏目中成了一个噱头。2016 年奥运会期间，今日头条的人工智能机器人张小明利用机器学习自动生成新闻。难怪科技未来主义者迈克尔·斯宾塞认为，字节跳动的内容发现和创作方式是继脸书之后的新产物。[16]

然而，这些人工智能内容引擎的产物可能只是获取高点击率的诱骗性内容。这些用户自创的视频内容范围很广，在中国欠发达地区的居民中很受欢迎，他们希望获得更多个性化的内容。"视频内容会趋向通俗化，但这些内容对沿海城市的人吸引力不大，因为那里的信息呈爆炸式增长。"

旧金山安德森·霍洛维茨基金的风险合伙人陈梅陵指出，字节跳动的人工智能驱动 App 走到了一个在西方还不常见的极端。抖音运用算法来决定要向用户展示哪些视频，掌握着用户的信息来源，并在多次使用后逐渐了解用户偏好。她表示，这种使用人工智能推荐帖子的方式，与脸书、网飞、声田和 YouTube 不同。陈梅陵帮助风险投资公司跟踪中国社交媒体趋势，她认为，究竟哪种方式能最大限度地提高用户参与度尚待观察。[17]

当然，今日头条在新闻数量上已经超过了传统的新闻门户网站。其内容技术每天对超过 20 万篇文章和视频进行分类和标记，并通过分析用户位置、手机型号和点击历史等数据对新闻推送内容进行个性化推荐。与脸书或推特不同，用户只需要打开 App 并通过今日头条的 4 000 家合作媒体获取新闻，而不必关注其他账户。

Y Combinator 的风投基金 Continuity Fund 在旧金山的合伙人阿努·哈里哈兰将今日头条比作 YouTube 和科技新闻聚合器 Techmeme 的结合体。她认为今日头条最有趣的地方在于它如何使用机器和深度学习算法来为用户提供个性化、高质量的内容，而不需要依靠用户输入信息、社交图谱或产品购买历史等。[18]

从海的一边到另一边

近年来，字节跳动一直致力于内容交易和智能收购，完成了创始人张一鸣创办"无国界"初创企业的使命。2017 年 11 月，字节跳动斥资约 9 亿美元收购 Musical.ly，这是一家拥有超过两亿用户、总部位于上海的社交视频 App 公司，此后，字节跳动距离"无国界"的目标更近了一步。这笔交易将抖音的人工智能信息流及盈利记录与 Musical.ly 的产品创新及对西方用户需求、品位的把握结合在一起，随之而生的是多元文化的 DNA。当字节跳动把成立 4 年的 Musical.ly 公司收入抖音并将其变成抖音旗下单独的 App 后，该 App 在 3 个月内获得了约 3 000 万新用户。字节跳动还凭借 Musical.ly 与维亚康姆集团及 NBC 环球的短视频节目交易向好莱坞进军。

字节跳动创始人张一鸣强调，这笔交易很有意义，因为它整合了 Musical.ly 在全球的影响力以及字节跳动在中国和亚洲主要市场的庞大用户群，这为国内外的内容创作者和品牌创造了一个全球数字媒体平台。

为了增加利润，野心勃勃的字节跳动一直在忙着收购创新企业，并通过洛杉矶的办公室进行交易，该办公室一直在寻找更多的收购机会。2019 年初，字节跳动共有 62 个职位空缺，涉及业务、战略、通信、工程和产品开发。在过去的几年里，字节跳动抢购了位于洛杉矶的 Flipagram——一款有背景音乐片段的视频和照片创作 App，并对一款由猎豹移动主要持股的直播应用程序 Live.me 投资了 5 000 万美元。此外，字节跳动以 8 660 万美元从猎豹移动收购了总部位于法国的全球移动新闻聚合平台新闻速递。字节跳动甚至试图从纽豪斯家族的先进出版公司手中收购美国社交新闻聚合网站红迪网的多数股份，但最终输给了腾讯，后者通过参与 2019 年初一笔 3 亿美元的共同投资大获全胜。

今日头条从其新闻基础出发，寻求通过合作伙伴关系和进军电子商务进一步扩大影响力。它与美国互联网媒体 BuzzFeed 达成协议，分享其在中国的娱乐内容。字节跳动还与中国电子商务巨头京东达成了一项战略协议，允许今日头条用户直接在其 App 内购买京东的商品。除此之外，今日头条还利用其庞大的流量，与阿里巴巴和京东在电子商务领域展开较量。今日头条还推出了一款电子商务 App 值点，用来销售消费品和家居用品。

挑逗性内容之王

和世界上许多数字媒体公司一样,字节跳动在处理虚假新闻和攻击性内容方面面临着挑战。中国的监管机构把目标对准了低俗内容和无用的信息,比如粗俗喜剧、丑闻、名人八卦等。据《南华早报》报道,这类内容为今日头条创始人张一鸣赢得了"挑逗性内容之王"的称号。

张一鸣以积极主动的姿态承诺,字节跳动将壮大其审查团队,创建被禁用户的后备名单,并改进其屏幕内容技术。在政府规范整顿互联网的政策要求下,字节跳动雇用了2 000名内容审查员,并在其广受欢迎的抖音App上封禁了超过3万个账号。

它还会实施更多的修复措施:字节跳动于2016年成立的人工智能实验室,致力于人工智能领域最前沿的创新。该实验室由前微软亚洲研究院副院长马维英领导。他的目标是开发机器学习算法,以剔除攻击性内容,并精确定位更个性化的内容推荐。

字节跳动的发展没有减速的迹象。它正在建立起一个App王国。字节跳动正在挑战中国传统的BAT企业领军者的地位,并在西方互联网领域崭露头角。

美团

中国企业家王兴曾被称为"克隆者"。在中国互联网的早期,他克隆过脸书、Friendster和推特,但都没能成功。2019年时,他在努力为自己近乎不知名的公司美团工作。美团通过一个集多种服务于一体的超级App不断创新。它于2018年9月在香港上市,并融资42亿美元,腾讯持有美团20%的股份。但由于当时正在亏损,而且与阿里巴巴旗下外卖服务饿了么的竞争加剧,美团作为行业领导者的持久力还有待观察,该企业2018年的基本资料见表3-3。

表3-3 美团点评的基本资料

地点	北京
创始人	连续创业者王兴
成立时间	2010年
与大众点评合并时间	2015年
主要创新	多合一服务型App和人工智能驱动的电动车配送系统
2018年商品销售总额[19]	769亿美元,同比增长44%,在中国达成64亿份食品配送交易和2.84亿天酒店客房预订销量
2018年财务状态	收入97亿美元,同比增长92%,调整后净亏损12.7亿美元,在港交所上市融资42亿美元,估值接近530亿美元
值得关注的事	创始人是中国的互联网"克隆者",这是他在中国的第四家创业公司

在过去的10多年里,美团已经成长为"巨人",它迎合了中国新兴城市中产阶级的需求,这些人使用它的超级App订外卖、订餐厅、订酒店、买电影票,还可以购买美甲和按摩服务的代金券。这款超级App集Yelp、缤客(Booking.com)、

GrubHub（外卖平台）、优食、卡雅、Fandango（票务网站）和OpenTable（网上订餐平台）的功能于一身，甚至还有类似全食超市的食品杂货店功能。在美国，尚未出现一款类似美团的产品，那里的App通常专注于一个垂直领域。

由于太"烧钱"，美团创始人王兴放弃了他的克隆版脸书，他只想确保手头的事业蓬勃发展。他在寻找一个在他看来价值1万亿美元的机会——中国的即时食品配送业务。王兴认为，食品配送不是餐馆就餐或在家烹饪的替代品，而是一种生活方式。他也许是对的，在美国，DoorDash（外卖平台）和GrubHub提供的快餐配送服务非常受欢迎。

美团创始人兼CEO王兴坚信自己会成功，因为正如他所说："无论发生什么，人们仍然需要吃饭，而我们为人们提供了最方便的饮食方式。"[20]

在中国，有了美团App，你可以跟踪订单，可以查看餐厅位置、配送员在路上的位置、送达时间、配送员的姓名和照片，还可以直接打电话给配送员。

美团的送达时间通常是在客户下单后的28分钟内，这多亏了能够为配送员提供最短路线的人工智能技术。在中国人口密集的城市，配送距离一般在一英里①以内。配送员每次送餐的报酬约为1美元，并且订单来源充足。中国时间紧迫的工作群体非常愿意为这种便利买单。

为上班族送即食午餐是配送员一天中最忙碌的时候。

---

① 1英里约合1.609 4千米。——编者注

从电动车到机器人

在北京和上海，身着荧光黄和黑色相间工作服的美团配送员（到2019年时，全国范围内有近60万人）骑着电动车运送即食食品和商品。美团以大约60%的份额垄断了中国的即时配送市场。

某天上午晚些时候，我在美团总部看到几名配送员正准备送午餐。位于北京东北部的美团公司总部十分繁忙，挤满了年轻、有活力的员工。你很容易就能看到一块大型广告牌，上面写着公司的使命宣言："帮大家吃得更好，生活更好。"在宽敞的公司大厅里，一块大屏幕上展示着公司的发展历程：从2010年的团购初创公司到与竞争对手大众点评的合并，再到拥有实力雄厚支持者的资金充足的独角兽企业，最后到2018年的上市公司。展厅里也展示了美团致力于提升效率的无人配送创新技术。无人配送部总经理夏华夏博士向我展示了美团正在北京测试的两个自动驾驶送货机器人，它们可以从骑手手中接过货物，并将它们送到距离客户10米内的范围。这些机器人有分开的冷热食物区。

他还告诉我美团是如何依赖大数据和人工智能技术来创新的。他们采用专利调度技术分析大数据，从而找到最短的路线和最近的配送员，同时避开交通拥堵地段和事故现场。智能语音助手让配送员可以在送货时接收和报告订单情况，而不必在骑行时操作手机。由于这些进步，美团从2016年起平均每单的送货时间缩短了7分钟。

美团还内置了其他技术设备，包括通过二维码识别和验证骑手的身份，以及通过连接政府的监管数据库来确认平台上商户营业执照情况的先进的电子记录管理系统。该系统可以通过同步数据来跟踪食品安全和卫生，并按时间段、地点和产品类别检查、分析客户评论，以及时发现问题。

巨大的数字屏幕很好地展示了该公司在中国食品配送服务市场中的领导地位。在中国，该市场随着城市化、技术发展、移动互联网技术的广泛使用，以及消费者支出的增加而兴起。

当公司的员工向我展示美团在中国如何一步步发展起来时，我感觉有些眼花缭乱。美团包含了超过200个服务和产品类别。截至2019年，这款App已经拥有4亿活跃买家、2 800座中国城市的580万入驻商户、67亿笔交易和50亿条用户评论。[21]

美团的优势是显而易见的。作者写书时有机构预估，到2020年，中国消费经济将占中国GDP（国内生产总值）增长的一半[22]；到2022年，电子商务市场将达到1.8万亿美元规模，高于2018年的1.1万亿美元[23]。与此同时，电子商务市场中食品服务部分的年增长率接近20%，到2023年可能超过11.5亿美元。[24]

从不赚钱

这些屏幕没有透露的是，美团自成立以来一直在亏损。像许多发展中市场中快速增长的科技公司一样，美团的当务之急是抢占市场份额，而不是赚钱。

盛宝资本市场的市场策略师埃莉诺·克雷指出，问题在于美团食品配送的核心业务是劳动密集型的，成本很高，而且利润率很低。在食品配送方面，美团面临着与阿里巴巴旗下饿了么平台的激烈竞争，无法以失去顾客为代价增加配送费。她表示，市场份额之战是"烧钱"的，美团需要通过慷慨的补贴和奖励来吸引和留住用户，这笔费用将会居高不下。克雷总结指出，相比之下，美团的旅游和酒店业务利润要高得多，毛利率高达88%。[25]

美团在中国的一家主要竞争对手公司的一位高管声称，美团的业务单元经济情况和亏损情况是不可持续的，并认为美团会被竞争对手赶超。这位高管指出，上市对美团来说是一个重大错误，因为其糟糕的财务状况会被所有人看到。

美团将大约2/3的收入用于食品配送服务，而剩余收入的大部分则被用于旅游预订和婚礼策划等服务。为了避免通过资本密集型补贴来赢得客户，美团把目标对准了商家。美团还从客户订单佣金、线上营销费用、广告费用，以及诸如工资管理、库存管理、客户关系、每月利率为1.5%的小额贷款等商业服务中获得额外收入。[26]

美团也拓展了其他业务，但结果喜忧参半。美团进入共享单车领域，对摩拜单车进行了大规模收购，但几个月后，为了避免冷却下来的自行车租赁业务供过于求，提高运营效率，减少亏损，该公司缩小了业务规模，这似乎是明智的。美团曾想在上海和南京拓展叫车服务，让餐馆支付顾客的乘车费用，这一想法后来被打消，这也是明智之举。与此同时，美团开始探索进军游戏业务，但考虑到腾讯在该领域的发展并不顺利，或许此举并不那么明智。

三次，你赢了

王兴来自中国东南部的福建省，该地区以成功的小企业文化而闻名。2019年时，40岁的他拥有50亿美元的净资产，是中国最富有的一批人之一。[27] 王兴在清华大学获得电子工程学士学位，之后于2005年赴美国特拉华大学攻读计算机科学硕士学位，但在那里他中断了博士学业回到中国。受到脸书所取得的成功的鼓舞，他在中国互联网崛起的期间踏上了一条曲折的创业之路。在这条路上他遭遇了很多挫折，但美团可能是他的胜利。他诗意地描述了自己的旅程："对未来越有信心，对现在就越有耐心。"

他第一次尝试建立了一个名叫"多多友"的社交网站，该网站模仿了早期社交网站Friendster，但没能流行起来。他模仿脸书创办的校内网很受用户欢迎，但很快就烧掉了资金，并于2006年以200万美元的价格卖给了千橡互动，同时该网站被更名为人人网。他的下一个尝试是饭否网——一个流行的翻版推特网站，但2009年饭否网被监管部门责令停业了18个月。与此同时，在纳斯达克上市的中国企业新浪推出的新浪微博很快就超过了饭否网。

创业型程序员王兴在2010年创办美团时，从硅谷得到了一条"真理"——失败再多次也没有关系。事实上，美团也是从模仿美国团购折扣网站高朋开始的。

在这场"千团大战"中，类似高朋的团购网站在中国大量涌现，它们都在追逐喜爱折扣商品的中国消费者。大型投资商阿里巴巴、腾讯和中国几家重量级风投企业向这些复制者投入了数百万美元，渴望从这股热潮中获利。高朋也参与了进来，于 2011 年与腾讯在中国成立了合资企业高朋。2010—2014 年，美团通过几轮融资，从红杉资本中国基金、阿里巴巴和私募股权公司泛大西洋投资集团筹集了 2.7 亿美元。与此同时，2010—2012 年，其主要竞争对手大众点评从红杉资本中国基金、谷歌、启明创投和光速创投获得了高达两亿美元的资金。在 2014 年，腾讯加大了赌注，购买了大众点评 20% 的股份。此外，得到金沙江创业投资基金和诺维斯特风险投资公司支持的拉手网也加入了竞争。另一个竞争者糯米网则在人人网的支持下实现了增长。

在这场团购网站的"千团大战"中，广告预算投入越来越大，补贴越来越多，高价值优惠券提供了高达 60% 的折扣。领先竞争者美团和大众点评不断筹集资金进行战斗。与此同时，高昂的营销费用也为弱势竞争者带来了损失。拉手网未能上市，在 2014 年被中国零售控股公司三胞集团收购。人人网旗下的团购网站糯米网于 2014 年被百度收购，市场份额面临下滑。最初的中国版高朋则在中国掀起了招聘和营销热潮，并与腾讯建立了合资企业，但以失败告终，这与 eBay、雅虎和谷歌早年与中国本土竞争对手的竞争结果如出一辙。与此同时，美团和大众点评这两个幸存者继续用越来越鼓的腰包竞争：2015 年，美团融资 7 亿美元，大众点评融资 8.5 亿美元。

"黄金周"合并

2015年10月初中国的"黄金周",美团与其头号竞争对手大众点评进行了合并,总估值达到150亿美元。这一交易得到了阿里巴巴、腾讯和红杉资本中国基金的支持。这次合并很好地融合了美团和大众点评的优势,美团拥有类似高朋的电影票、旅游预订代金券,以及送餐服务等业务版块,而类似Yelp的大众点评可以查看餐厅评价和价目表。这一组合造就了中国最大的团购领军者,并解决了这个领域是否只有一个赢家的问题(答案是肯定的)。王兴负责合并后的实体,几位互联网时代的联合创始人也参与了进来。他没有浪费时间,2017年,美团在腾讯和美国普利斯林公司的领投下,完成了一轮40亿美元的融资。这笔融资使这款中国服务App的估值达到300亿美元,成为当时世界估值第三的独角兽企业。美团成为中国"互联网+"市场上的领头羊,"互联网+"即线上和线下世界的结合,在中国被称为O2O,是当时的热门词。2019年上半年美团面临来自阿里巴巴合并的食品配送和在线服务平台饿了么及口碑网的挑战,软银领投了饿了么和口碑网30亿美元的资金。我想,在美国是找不到如此紧凑、有影响力的科技交易的。

我清楚地记得王兴在2012年北京"硅谷龙"论坛上的讲话,他用才智、干劲儿和低调的姿态让自己显得与众不同。他确实按下了"快充按钮"。2018年9月,在筹集了40亿美元资金后不久,他敲响了钟,标志着公司在港交所首次亮相。美团共融资42亿美元,是继两个月前中国智能手机制造商小米47

亿美元 IPO 后的香港第二大科技股。

红杉资本中国基金的创始及执行合伙人沈南鹏表示："这（美团）可能是 10 多年来我们投资历程中所做的最重要的决定。"红杉资本中国基金是美团 12 个大股东之一，持有约 12% 的股份。红杉资本中国基金向美团投资了 4 亿美元，有望获得近 50 亿美元的收益。"在这场混战中，王兴带队越战越勇，在如此激烈的竞争中，这无疑是一场血战。"他说道。

沈南鹏表示，红杉资本中国基金没有出售美团的任何股份。"这家公司十分了不起，在中国的互联网领域是一家有着长期优势的公司，我仍然看好美团的增长前景。"他说。[28]

美团在全力专注于中国国内市场的同时，也在东南亚和南亚进行了战略性投资，并收购了印度食品配送初创公司 Swiggy 和印度尼西亚电动车市场领导者 Go-Jek。

一只能干的"小象"

数字化零售是美团的又一次尝试。美团开了 7 家所谓的小象食品杂货店（小象生鲜），相当于一个迷你版的全食超市，或是其中国竞争对手的产品，如阿里巴巴的盒马鲜生和京东的生鲜超市 7Fresh 七鲜。美团在 2017 年推出了第一家小象生鲜，与阿里巴巴和京东推出零售店的时间差不多。

我参观了美团在北京的第一家小象生鲜，那里有大量的新鲜水果、蔬菜和海鲜，以及 CVS（美国药品零售商）或沃尔格林（Walgreens）通常售卖的货品，这令我深深折服。小象生鲜提供半径范围在 3.5 千米内的快速送货服务、带有条形码标签的商品以及自动结账和在线付款服务,就像 7Fresh 七鲜和盒马鲜生那样(但没有机器人把食物送上你的餐桌)。我逛超市的时候,店里正在为外卖和堂食者准备中式盒饭。几个年轻的女白领坐在开放式厨房附近的凳子上吃午饭。我也在那里订了午餐,但因为比较匆忙,我不得不在乘坐出租车去下一站的途中吃我的盒饭,里面有米饭、蔬菜和鸡肉。一路上为我提供服务的是另一个中国科技巨头——叫车服务平台滴滴出行,众所周知,正是这家公司收购了优步中国。

第四章

美国公司积极学习中国企业前沿技术

> 很少有美国互联网公司能够在中国的"长城"后面取得成功,但星巴克、爱彼迎和领英都在不断努力地借鉴中国本地团队聪明的数字化策略。

在中国的大城市里,星巴克的顾客已经不用排队下单和取餐。取而代之的是,他们使用智能手机 App 进行远程下单,通过支付宝付款,然后只需多付 1.3 美元左右的配送费就能买到热气腾腾的咖啡。凭借电子商务巨头阿里巴巴及其配送服务公司饿了么的数字化技术和零售业转型,星巴克已经在中国实现本地化。

2017 年底,中国本土竞争对手瑞幸咖啡正式出现,并开始蚕食星巴克的市场份额,之后星巴克在中国的销售遇冷,需要重新提振起来。瑞幸咖啡通过大幅折扣、即时移动点单和支付、快速外卖配送或从隐蔽的售货机快速出货等方式,为忙碌的上班族提供便利,并且取得了成功。一杯瑞幸咖啡的价格是 3 美元,还不算上买一送一等高额补贴,而星巴克咖啡的定价是 3.5 美元,主要以味道取胜。

星巴克采用了新技术、数字商务模式,并加强与阿里巴巴在中国的合作伙伴关系(是由阿里巴巴的马云和星巴克的霍华德·舒尔茨策划的),目的是让销售再次渗透。鉴于中国的"千禧一代"先进的移动商务习惯,传统的星巴克实体店难以为继。

在全面发展数字技术和推出防溢杯后,星巴克在中国的销售额有所回升，但增长速度比瑞幸咖啡在 2018 年掀起热潮之前要慢。对星巴克来说，与一个高速发展的中国对手竞争是艰难的。

星巴克的吸引力一直在于其精心设计的门店，在那里，顾客能够品尝美味的咖啡，并且想待多久都可以。新兴的移动点单、支付和即时配送服务带领星巴克进入了一个属于中国的新时代。有趣的是，星巴克与食品配送服务优食联手，将最早在中国推出的快速咖啡服务推广到了美国的 6 座城市。

星巴克与阿里巴巴在中国联合推出的新举措意义深远，为美国咖啡连锁店开创了许多"第一次"。（一家专门针对中国市场的虚拟商店让星巴克的顾客通过支付宝从阿里巴巴的电子商务 App 上订购喜欢的咖啡、购买礼品卡、兑换福利、购买杯子和咖啡豆。）星巴克还在阿里巴巴位于上海和杭州的数字化超市盒马鲜生开设了专门的厨房，截至 2019 年，星巴克在中国 30 座城市的 2 000 家盒马鲜生门店都拥有厨房，并获得了大量订单，订单可在 30 分钟内完成配送。这些大规模厨房是对星巴克咖啡师手工咖啡零售的补充。

20 多年前，这家总部位于美国西雅图的咖啡连锁店进入饮茶大国——中国，并赢得了消费者的青睐。这些消费者可以毫不犹豫地花 3.5 美元买一杯美式咖啡，这对于一个高端美国品牌来说是一个便宜的价格。而在今天，星巴克为了保持领先地位，已经采用了中国的新技术。

"星巴克在中国的发展和创新比世界上任何地方都要快。我们与阿里巴巴的转型合作关系将重塑现代零售业的模式，这是我们努力超越中国消费者期望的一个重要里程碑。"星巴克总裁兼 CEO 凯文·约翰逊在揭幕与阿里巴巴的新伙伴关系时宣称。[1]

星巴克臻选上海烘焙工坊闪亮登场

我参观了位于上海繁华地段南京路上的星巴克旗舰店——星巴克臻选上海烘焙工坊，这是包括纽约、西雅图和米兰在内的 4 家烘焙工坊之一，也是世界上最大的星巴克分店。这家热闹的咖啡店有两层楼，面积达到 3 万平方英尺①，有点像一个咖啡主题的迪士尼乐园。我看着装有咖啡豆的粗麻袋被一条"S"形传送带运进来，咖啡豆被卸下，经分批烘烤后储存在一个巨大的铜桶里，以保持最佳味道，然后通过铜管被送到咖啡厅的筒仓，或者包装好，分送到位于中国各地的星巴克门店。在长长的咖啡吧里，咖啡师制作浓缩咖啡、拿铁、卡布奇诺和许多特色饮料。侍者走过来，准备点咖啡、啤酒、葡萄酒和佛卡夏三明治。星巴克少有的巧克力被摆在显眼的位置，启发中国消费者如何搭配咖啡。为迎合中国人的口味，这里还有一个备货充足的特色茶吧。在阿里巴巴的一款 App 上，一个增强现实平台展示了臻选烘焙工坊的主要功能，以及从咖啡豆到一杯咖啡的制作过程。顾客流连忘返、谈笑风生，有的在这里与朋友见面，有的在这里查看移动设备，店里很拥挤，店外排着长队。

臻选上海烘焙工坊于 2017 年 12 月开业，星巴克希望通过

---

① 1 平方英尺约合 9.03 平方厘米。——编者注

这种方式保持其在中国的高端形象。多年来，中国一直是星巴克热衷开发的市场。1999年，星巴克在中国国际贸易中心开设了中国内地第一家门店，之后又在中国150座城市开设了3 700家门店，到2022年，星巴克在中国的门店数量超过6 000家。中国是星巴克除美国之外增长速度最快、规模最大的市场，占星巴克全球销售额的10%。

星巴克联合创始人、前执行主席霍华德·舒尔茨在2019年前后的一次公司年会上对股东表示："我们曾在中国连续9年亏损。很多人怀疑在一个喝茶的社会里，我们是否可以实现突破。但如今我们不仅取得了突破，中国还将成为星巴克在全球最大的市场。"[2]

忘掉速溶咖啡

虽然茶一直是中国的传统饮品，但咖啡文化已经在城市里和年轻职场人士中流行开来，他们喜欢待在咖啡店里，欣赏生活中美好的事物。星巴克的绿色标志在中国许多城市随处可见。这家美国特色咖啡店占据了中国市场超过50%的份额，但也面临着其他国际品牌日益激烈的竞争，如加拿大的蒂姆·霍顿斯和英国的Costa（咖世家），还有普通超市和大型超市新开设的分销点，最重要的是中国咖啡新贵瑞幸咖啡的崛起。

1999年，星巴克在中国卖出了第一杯咖啡。当时中国正在向经济改革、消费主义和美国高端品牌敞开怀抱，亚洲私募股权投资领袖、汉鼎亚太集团创始人徐大麟收购了一家持有营业执照的连锁店，可以在北京和天津销售星巴克咖啡。星巴克通过在中秋节销售装在发光灯笼盒里的传统月饼赢得了人们的青睐。星巴克曾经在一场公关灾难中取胜。在北京历史悠久的紫禁城中心地带曾有一家星巴克,出售拿铁和星冰乐,持续经营了近7年,直到当地抗议声越来越大,这家备受争议的咖啡店于2017年关闭。为继续保持对中国市场的投入,同年,星巴克以13亿美元从两家中国台湾食品集团手中收购了其在中国大陆合资企业剩余的50%股份,从而拥有了门店的全部股权。星巴克已经成为美国在华企业中的业务佼佼者,尽管面临咖啡文化与茶文化的碰撞,它仍力争保持行业领先地位。

竞争者都在追逐咖啡市场巨大的增长潜力。咖啡饮用者不再满足于速溶咖啡,中国32亿美元规模的咖啡零售市场以两位数的速度增长。[3]在中国,喝咖啡仍然不是一种日常习惯[4],2019年时,中国人平均每年只喝4~5杯咖啡,而美国人平均每天都要喝1杯咖啡。

美味的瑞幸咖啡

瑞幸咖啡正在唤醒中国咖啡市场。自2018年1月开设第一家门店以来,瑞幸已经在30座城市将门店扩展到2 000家,其目标是超越星巴克。2018年,瑞幸从新加坡主权财富基金新加坡政府投资公司、中金公司和愉悦资本成功融资4亿美元,成为资金充裕的独角兽公司。这家初创公司已于2019年上市,仍存在很多问题,特别是其用来击败星巴克的"烧钱"战略。

"我们现在想要的是规模和速度,讨论利润并没有意义。"

瑞幸首席营销官杨飞在北京召开的一次记者招待会上说。[5]

瑞幸的商业模式与优步的即时服务非常相似，只不过它向顾客提供的是咖啡，而不是乘车服务。这种联系在于，瑞幸创始人钱志亚曾是中国即时车辆服务神州优车的运营主管。她将这项业务建立在智能订购和调度的基础上，与优步一样利用数据将司机导航到乘客的上车地点和目的地。

瑞幸能否取代中国咖啡市场的长期领头羊星巴克还是未知数，但2019年，随着瑞幸成功从纳斯达克的IPO融资5.61亿美元，其发展势头有所增强。星巴克利用其在中国的先发优势、全球资源和新的技术支持，在与瑞幸的竞争中保持优势，但瑞幸始终穷追不舍。而且此前已有中国本土新贵击败美国大品牌的例子。

打入中国市场

对于其他一些进入中国市场的美国科技巨头来说，像星巴克一样，将中国业务本地化、合作化以及开拓新的数字前沿领域，是一个行之有效的模式。这样做的例子有领英、爱彼迎、WeWork和印象笔记。

但也有许多美国科技公司在中国遭遇了挫折，包括优步、eBay、雅虎、亚马逊、高朋等。最严重的一次失误是优步，在经过长达3年的"烧钱"竞争后，它与中国本土竞争对手滴滴出行合并，合并后的新公司估值达到350亿美元，之后优步退出了中国市场。低估与中国巨龙的竞争一直是美国企业追求在中国实现销售增长时犯下的根本错误。

在赢得十几亿中国消费者这一诱惑下,美国公司一直试图翻越"长城"。审查制度是美国互联网巨头最大的障碍,它们的业务几乎遍布全球,但中国是例外。谷歌一直在探索,希望重新进入中国,其内部开发的项目"蜻蜓"将为中国带来一个符合中国市场的搜索引擎,但这一颇具争议的举措招致美国政府和一些谷歌员工的批评,计划因此受阻。据报道,脸书一直在开发一种软件,该软件可以让社交网络接受审查,从而进入中国市场。[6]

领英中国的成功经验

社交服务平台领英是为数不多的可以进入中国的美国互联网内容公司之一,在中国,脸书、谷歌、推特和拼趣都遭到了屏蔽。领英专注于职业社交,这在中国仍然是开放的,用户可以在领英中国的网站上分享帖子、信息和内容,我这样做了,没有被屏蔽。

中国经济的快速发展和超过1.4亿专业人才的增长吸引领英来到中国,这些人才约占全球知识型员工的1/5。"在中国的业务拓展标志着我们的使命向前迈进了一大步,即连接世界各地的专业人士,使他们更多产、更成功。"领英CEO杰夫·维纳在2014年推出简体中文版网站时写道,"我们的目标是让这些中国专业人士相互联系起来,并与领英在200多个国家和地区的2.77亿会员建立联系。"[7]

领英中国做了很多正确的事情。一个是建立了拥有本地化内容的中文版平台，另一个是领英 CEO 维纳与两家关系密切的本土投资公司红杉资本中国基金和中国宽带产业基金成立了一家合资公司。沈博阳受聘担任领英中国区负责人，他曾经担任过社交网站人人网副总裁、团购网站糯米网创始人，以及谷歌中国业务开发主管，是一位经验丰富的科技创业者，他的加入为领英带来了"深层知识"。

沈博阳有权调整网站。他确保网站整合了本地特色，以便会员可以从微博导入联系人，并分享链接到微信账号，以分享跨网络内容。

在不到 4 年的时间里，领英中国的收入增长了 8 倍，在中国的会员数从 400 万增加到 4 100 万。虽然对于硅谷企业家里德·霍夫曼于 2003 年创立的这个面向商业的社交网络服务在全球拥有的超过 5 亿用户来说，这只是一小部分，但在竞争激烈的中国市场，鉴于领英的两个本土竞争对手都倒下了，这一增长可谓一个巨大的成就。

在向中国扩张的过程中，CEO 维纳承认，隐私问题和审查问题带来了挑战。领英承诺保护其会员的权利和数据，但它不得不对内容进行审查，尽管这遭到了抨击。记得十几年前，雅虎联合创始人之一杨致远也在中国遇到了隐私问题，并因提供了两名后来入狱的中国博客作者的名字而备受抨击。

在中国，按照规定，领英的线上会员群和个人（尽管不是公司）在没有通过电话号码核实身份的情况下无法发布职位信息。另外，拥有中国 IP 地址的领英会员需要将个人手机号码与账号进行捆绑，以获得主页的访问权限。在中国，几乎注册所有的 App 都需要提供手机号码而不是电子邮箱，在短信和即时聊天的时代，邮箱的使用频率越来越低。在中国的许多公共场所，包括机场，使用 Wi-Fi 上网都需要提供当地的手机号码。

领英中国努力解决这些问题，尽力与当地的粉丝群建立联系并赢得他们的支持，但在 2017 年中期，公司遭遇了一场危机。本土管理者沈博阳宣布离职，重新加入他以前的团队，并天使投资了中国共享住房初创公司蛋壳公寓。接替他的是另一位出色的雇员陆坚，他曾任沪江旗下一家网络学习子公司的 CEO，也是互联网安全公司奇虎 360 视频部门的前 CTO（首席技术官）。

但一个关键的挑战仍然是如何吸引主流受众，尤其是在与快速成长的中国职场社交网络初创公司脉脉的竞争日益激烈的情况下，DCM 资本和其他 3 家投资公司为该公司提供了充裕的资金。此外，腾讯和阿里巴巴都凭借促进办公效率、业务联系与合作的 App 进军企业市场，比如微信团队的企业微信和阿里巴巴的钉钉。

但值得注意的是，领英中国在同一行业的其他中国初创企业中幸存了下来，这些企业基本上都是领英的模仿者。法国最大商务社交网站 Viadeo 在 2007 年收购中国初创企业天际网后，于 2015 年关闭了其在华业务。另一家总部位于上海的社交网站优士网由连续创业者、香港私募股权前投资人卢汉森创办，差一点就成功了。"优士"的意思是"优秀的职业人士",优士网于2010年成立,随后在一年内就拥有了20万名会员,靠的是一批被邀请加入的独家创始会员的口碑相传,以及与《华尔街日报》中文版的联合品牌营销计划等巧妙的推广。我也以会员的身份加入了优士网,并发现该网站是一个方便的工具,主要用于联系中国科技界和风险投资界的海外人士。

优士网从总部位于纽约的全球知识平台格理集团获得450万美元的少数股权投资后,又合作增加了一个类似Quora(问答网站)的问答功能,这一切看起来都很不错。

但正如卢汉森所说,该网站在投资人的压力下扩大规模,并实现了病毒式增长,但它无法留住足够的用户。他总结道:中国市场的内部招聘和人才搜寻领域的发展阶段比他最初设想的还要早。他指出:"我发现中国类似领英的创业公司,包括领英本身在内,没有哪一家拥有较大的吸引力,我感觉这并不好。"[8]他后来补充道:"截至2016年,中国仍没有一家类似领英的公司具有较大吸引力,包括领英本身。因此,尽管市场在发展,领英在中国的投资却很少。"

获胜需要勇气

赢家和输家的区别是什么?可以归结为几个因素:了解中国文化、为中国消费者定制服务、授权当地管理者在快节奏的市场上快速做出决策、与中国本土企业合作,或许最重要的是有勇气与中国的企业家竞争(见表4-1)。

表 4-1 在中国获胜的建议

找一个中国本土的合作伙伴,不要单枪匹马
聘请有中国业务和技术经验的本土团队
让本土团队自主决策,建立自己的商业模式,独立于美国总部运营
为中国客户定制服务和功能
制定战略,然后着手收购能够迅速启动业务的公司
学会与高要求的中国客户谈判,不要期望每一次都赢
力争在赢利之前在中国飞速发展的市场中实现高速增长
开发出创新的、有趣的推广策略,在竞争激烈的环境中脱颖而出
为中国突如其来的规则变化做好准备
保持长远的眼光,不要指望明天就上市

WeWork 和裸心社

总部位于纽约的 WeWork 于 2016 年来到中国,直接进入中国蓬勃发展的共享办公市场,成立了独立的实体公司 WeWork 中国。其精心策划的收购和由巨额资金支持的、稳定的、有计划的扩张取得了很大的成功。在进军海外市场的两年内,WeWork 以 4 亿美元的低价从上海豪华度假区运营商裸心集团手中收购了中国的联合办公创业公司裸心社,此举立刻让 WeWork 得到了提振。WeWork 在其位于中国的 13 个空间的基础上,在北京、上海和香港又增加了 25 个裸心社空间。

不久,裸心社就开始在新潮的上海新天地运营,WeWork 的 CEO 亚当·诺依曼从中学到了一课。裸心社通过灵活、随时、无月租合同的出租方式赚了一大笔钱。WeWork 很快推出了闪座功能。中国客户可以通过移动 App 查看开放的办公桌,到达目的地，通过二维码注册登记。计时开始后，租金为15元/小时（约合2.5美元/小时），而对于高档地点，价格则翻一番。据报道，WeWork中国在进行了为期3个月以小时收费的试点后，在上海获得了5万名注册用户，并把每月租金定为270美元。创始人诺依曼正在美国推出这种"随付即用"的功能，曼哈顿是第一站。

WeWork在中国重塑了裸心社的品牌，但要把当地人喜欢的时髦装饰融入WeWork标志性的工业黑白玻璃设计可能还需要一段时间。我到访过位于北京市中心的一家裸心社，那里甚至还有游泳池。

我的"硅谷龙"团队在上海的WeWork和裸心社都举办过科技创业活动，那里有宽敞而令人愉悦的空间，还会有一些"惊喜"。比如说，我们曾经在位于上海市威海路的WeWork旗舰店举办过一次活动。那里在被彻底改造后，设有一个光线充足的中庭，中庭周围是一栋几层高的楼，里面有会议室和桌子。

随着创业热潮的兴起，中国的共享办公市场也开始腾飞。这也是包括共享单车、共享雨伞、共享篮球、共享生活空间等在内的共享经济风潮的一部分。拥有公用办公桌、会议室和厨房的先进共享办公场所遍布北京、上海和香港。这场竞赛的规模不断扩大，吸引了更多的创始人、初创公司和自由职业者。在日益拥挤的共享办公领域，一场变革正在到来，传统工作场所的模式被打破，价格战已经爆发。很多中国共享办公公司曾因为过度扩张和不控制成本而走向失败。位于北京的中国科技新闻网站36氪旗下的氪空间是规模较大的运营商之一，它曾试图击败WeWork，但也会裁员，甚至缩减了原本雄心勃勃的扩张计划。

资金流决定了企业会生存还是灭亡。新资本被注入财大气粗的WeWork及其中国子公司：2018年，WeWork中国在软银对WeWork领投的44亿美元巨额资金中获得了5亿美元，此外软银还在前一年投资了5亿美元。WeWork已经在中国拥有60个空间，覆盖了十几座大城市，在全球23个国家增加了业务。WeWork还将品牌更名为We Company，标志着它进入社会生活方式的崭新方向，甚至包括住宅租赁、小学和编程学院租赁，这一概念可能会被带到中国（但最终失败了，软银也因此损失了一大笔钱）。

WeWork在中国要与具有远见卓识的"入侵者"做斗争。WeWork起诉了一家中国竞争对手——总部位于北京的共享办公机构优客工场，指控其商标侵权，该案于2018年达成和解，当时优客工场将其英文名"URWork"改为"Ucommune"。优客工场的创始人、房地产资深人士毛大庆被誉为"中国共享办公之王"。2015年，优客工场获得红杉资本中国基金、真格基金、经纬中国和创新工场6.5亿美元的资金支持，在中国开设了120个共享空间，号称中国最大的共享办公服务提供商。这些空间也拥有先进的科技，我进入北京的一家优客工场就是通过人脸识别技术实现的。

优客工场一直在通过一系列收购增强自身实力，收购对象包括规模较小的中国共享办公企业微度联合创业社、方糖小镇、Workingdom、New Space 和无界空间。优客工场正在向亚洲主要城市扩张，收购了总部位于雅加达的 Rework（共享办公空间）。它也在向美国进军，与中国复星集团一座写字楼的机缘实验室合资，进军洛杉矶、西雅图和华尔街。

共享办公已经不仅仅局限于公用办公桌、免费咖啡和社交活动，而是转向由数据驱动的技术和服务，这些技术和服务可以带来出租优质空间及物品以外的收入。未来的办公室拥有连接每一张办公桌的智能物联网技术、热敏和光敏传感器、可以跟踪入住率和使用率的计算机化摄像头，以及在线社区建设。就像在其他许多技术渗透领域一样，中国正处于这一发展的最前沿。

优客工场的创始人兴奋地向我讲述，他的公司是如何从一个典型的共享办公空间演变为一个技术平台的。优客工场于 2019 年前后推出了 UBazaar 移动 App，这是一个类似 WeWork 的移动 App 服务商店。会员可以通过这个 App 预订桌子和会议室、访问内容、做电商、进行财务咨询和发布广告，还可以获得法律、人力资源和技术服务方面的帮助。在优客工场，真正创新的想法是它的移动办公桌，这是一个内置人脸识别和云计算的信息门户，会员可以坐下来交换信息、访问他们的工作和社区。毛大庆说："我们从不把这当作房地产生意，在中国，我们做的就是所谓的快速响应技术。"[9] 优客工场正与一个技术团队合作，

> 在中国，我们做的就是所谓的快速响应技术。
>
> ——毛大庆
> 优客工场创始人

在北京测试一个概念空间,这个概念空间将整合这些技术,并且可以在没有任何管理的情况下运行。

像星巴克一样,WeWork可能会发现,要想战胜一个聪明的、会巧妙整合技术工具的中国挑战者并不容易。

不仅仅是家:爱彼迎在中国

中国有许多令人惊叹的景点,可以让人感受到中国的历史和文化,爱彼迎希望确保游客发现这些地方。郑辰雨写了一本书,讲述她在爱彼迎住所冒险的经历。[10] 她曾经住在桂林的一个艺术家家里,主人带她参观了他的工作室,那里曾是一个废弃的20世纪70年代的工厂。她也曾住在阳朔一名建筑师始建于清朝的家中,阳朔位于中国西南部的广西壮族自治区,在那里可以看到中国20元人民币上印着的山峰。太不可思议了!

在中国的爱彼迎,客人可以学习如何制作小笼包或听中国戏剧,然后在爱彼迎开发的内容网站上分享他们体验当地原汁原味生活的故事。爱彼迎开发该网站的目的是丰富人们的意识,鼓励游客到中国旅行,并尝试和习惯共享房屋的理念。

爱彼迎确实在中国做出了努力,但这些努力并不总是成功的。2019年的一项促销活动为过去一年内没有机会旅行的"千禧一代"提供了100个爱彼迎免费住宿体验的机会,此举让爱彼迎在中国获得了1万名新注册用户。但另一项推广活动却遭到了舆论批评,该活动的主题是举办一场征文比赛,4位获奖者可以在长城的一座烽火台上宿营。这场由一家国有旅游机构参与策划的竞赛遭到网民反对，也未能得到政府批准，最终并未顺利举办。

随着爱彼迎准备在纽约上市，中国之旅对其成功变得极为关键。这家总部位于旧金山的共享房屋创业公司于2015年进入中国，得到中国风投公司红杉资本中国基金、中国宽带产业基金、纪源资本、维港投资和高瓴资本的支持，由本地团队运营。在进入中国两年后，Airbnb宣布其中文名字为"爱彼迎"，意为"让爱彼此相迎"，但在微博网站上有人批评说这个名字愚蠢且不好读。

短期租赁市场在中国仍处于初级阶段。中国居民不习惯把房间出租给陌生人。爱彼迎的目标对象主要是在国外旅游时住共享房屋的中国游客。但是随着中国游客回到祖国，成为主人或客人，逐渐将这个想法从西方引入中国，中国居民的这种观念也在逐渐增强。爱彼迎并没有改变其品牌全球化战略，在强调优质的同时，也强调个性化和充满冒险的旅行。

爱彼迎中国于2019年任命的总裁彭韬拥有自主权，可以在本土自主做出决策，快速行动，并充分利用机遇。随着越来越多的亚洲中产阶级增加旅游投入，中国4亿"千禧一代"开始大规模旅游，预计到2030年，中国将取代法国成为世界上最大的旅游目的地。

2019年时，他在中国管理着一支200人的团队，并在中国各地管理着约20万套出租房屋和公寓，规模虽小，但已从爱彼迎在全球500万户家庭房源的庞大基础上逐步扩大。爱彼迎中国的房源质量与世界其他地方的房源质量相似，但中国的客人和房主往往更年轻，他们是适应西方文化的"千禧一代"。

中国市场的机遇是巨大的，因为旅游业是中国经济增长的主要驱动力之一。[11]爱彼迎的客人最喜欢的目的地是上海和北京，而业务增长速度最快的是深圳。

在当地，爱彼迎审查每一套房源、监控房源质量、检查房屋，并就设计和家庭服务向房主提供建议。对于拥有更豪华住所的房主，爱彼迎提供装饰咨询、摄影技巧教学和搜索结果置顶服务。爱彼迎开设了一个学院，让房主通过参加研讨会、微信实时聊天和观看教学视频来学习待客的注意事项。

在深入挖掘中国市场的同时，爱彼迎还在中国推出了一项加强版服务，该服务的特点是提供漂亮的住宅、亲切的主人和类似酒店的功能，让人心驰神往。该系列产品在中国12座城市推出，根据清洁度、舒适度、设计风格等100项要求进行实地检查和验证。爱彼迎还拥有专门的双语中国客户服务团队。它也在利用微信平台进行客户服务，并允许旅行者通过微信预订爱彼迎住宿。爱彼迎还将其全球平台"体验"扩展到了中国，选出中国房主为客人提供餐饮、艺术和文化体验服务。2017—2019年，爱彼迎中国已经向客人提供了1 000次"体验"服务。

遵循规则：共享数据

爱彼迎在美国和欧洲面临着严格的房屋租赁监管，在中国也不例外。在中国做生意意味着要遵守当地的规则。爱彼迎与多个中国主管部门共享客人和房主的数据，并将详细信息存储在本地服务器上。中国的酒店也会提供客人的详细信息。不过，习惯了非正式共享租赁住宿的国际游客可能会对这一点表示惊讶。

爱彼迎与中国政府合作，为建立安全、积极的短期租房标准提供了指导。它还与中国旅游研究院合作，通过家庭共享促进乡村社区旅游，为当地人提供经济机会，使他们成为桂林等风景优美地区的东道主。2018年，联合创始人、亿万富翁布莱恩·切斯基在旧金山与两位共同创始人构想寄宿家庭概念时，可能从未考虑过在中国开发这种本地化业务。

因为一些天然的优势，爱彼迎在中国迅速起步。爱彼迎从事旅游业，而且本质上是一家全球性公司。它明智地在中国雇用员工，而不是从加州调配新人来运营中国业务。但中国的管理层更替问题一直困扰着爱彼迎。

爱彼迎在中国的领导团队是香港摩根大通和麦格理集团的哈内克·罗，以及两家总部设在中国香港的电商初创公司的创始人罗伯特·郝。几年内，他们将团队发展到超过100人，并通过专注于合作伙伴关系、政策研究、品牌策划、社会营销、社区建设和库存增长，将中国打造成了爱彼迎全球增长速度最快的市场。他们还调整了这个平台，使其在中国发挥作用。他们没有依赖爱彼迎长期的合作伙伴谷歌和脸书，而是将爱彼迎与中国的应用商店、社交网络和微信支付联系起来。但罗和郝最后都离开了公司，利用他们在中国的基层经验，于2017年成立了香港咨询公司海璞，帮助初创公司解锁亚洲市场。

作为应对，爱彼迎挖走了脸书的技术总监葛宏来领导中国业务。但他在 4 个月后就离职了。[12] 爱彼迎的共同创始人兼首席战略官，来自旧金山的柏思齐成了下一任中国区主席。

柏思齐大约每个月从北加州前往中国一次，检查运营情况并指导发展方向。他开始学习普通话，但他承认自己对普通话还不够精通。

为了寻找中国市场的领导者，爱彼迎进行了大约一年的搜寻：要在中国的管理层中找到最优秀的人才可能需要一段时间。2018 年中期，爱彼迎中国终于聘请到在旅游行业有着丰富经验的连续创业者彭韬出任总裁。彭韬是由腾讯和鲁伯特·默多克支持的移动旅游指南 App 面包旅行，以及民宿托管平台城宿的创始人。爱彼迎已向城宿投资 500 万美元，并可能进行整合。联合创始人柏思齐仍然定期访问中国，他依然作为爱彼迎中国区主席与彭韬密切合作，并担任本土和全球业务之间的大使。

在中国，爱彼迎面临两大本土竞争对手的挑战，这两大对手都有中国重量级人士的支持，且来自不同的行业。本土企业途家专注于提供专业管理和服务的公寓，在中国房地产市场繁荣时期，开发商和个人业主往往会有闲置公寓。在 2017 年，爱彼迎差点与途家合并，但最终放弃了该笔交易。该笔股权交易和优步与其前竞争对手滴滴出行的交易类似。

途家定位良好，在中国 255 个旅游目的地拥有 31 万套房产，并从其前母公司携程网和著名的摩根士丹利亚太区前研究负责人、全明星投资基金管理合伙人季卫东那里获得了 3 亿美元的资金。在过去的几年里，途家收购了携程和去哪儿网的民宿板块、短期租赁平台蚂蚁短租，并抢购了 B2B（企业对企业）预订平台大鱼自助游，向东南亚市场进军。

爱彼迎的另一个挑战者是阿里巴巴支持的小猪——一家中国本土的共享住宿公司，提供大城市以外的住宿服务。小猪也资金充裕，拥有云锋基金近 6 亿美元的风投资金，以及其他实力雄厚的投资者的支持。凭借阿里巴巴的人脉和技术，小猪使用人脸识别技术为中国的客人办理入住手续。也许这是爱彼迎可以借鉴的地方。

爱彼迎一直在寻求新兴市场的增长。爱彼迎在中国的投资已经翻了一番，在华员工数量增加了两倍，但爱彼迎的本土竞争对手在推广和营销方面的支出更多。

对于这家土生土长的美国公司如何能像中国本土竞争对手一样快速发展或投入重金，爱彼迎中国区主席持现实态度。"一家本土公司愿意在收入很少的情况下投入那么多钱，这实在令人大开眼界，但这在一定程度上是基于赢者通吃的想法。"柏思齐如是告诉 996 播客的联合主持——纪源资本的童士豪和张睿（纪源资本是爱彼迎的投资者之一）。"我们可能永远不会像竞争对手一样投入那么多钱，但我们肯定会比在其他国家投入更多的钱。"他说。[13]

中国商业笔记：印象笔记

硅谷的笔记 App 印象笔记将本地化做到了极致，它在 2018 年中期推出了中国业务，并赋予中国管理团队在日常运营上的完全自主权。印象笔记全球销售额中约有 10% 来自中国。在美国，印象笔记一直在努力保持几年前的巅峰人气，这是一款能够在智能手机或平板电脑上记录、组织和存储笔记的App。印象笔记在中国成功的秘诀是什么呢？

印象笔记由富有远见的俄罗斯裔技术专家菲尔·利宾于2007年创立，他曾执掌印象笔记9年，之后成为通用催化风投的风险投资人，后来在旧金山成立了人工智能创业工作室All Turtles。利宾在2012年推出中国业务时，给它起了一个十分中国化的名字：印象笔记。但他有意使该产品与全球标准保持一致。"我们追求的核心品牌价值与苹果并无太大差别。我们希望产品可以非常出色，以至人人想要，甚至超越国界。"利宾对我说，"我们不认为中国是一个国家或市场，而是一个地方。"

利宾每年至少到中国8次，来考察公司在华业务的进展情况，但他认为印象笔记的成功之处在于组建了一支出色的团队，并确保他们有足够的咖啡来改变世界。

谷懿是印象笔记中国区的第一位总经理，她拥有斯坦福大学工商管理硕士学位，是中国两家互联网初创企业的创始人，也是英国电信集团和中国移动的战略执行官。她参与了印象笔记中国的业务开发、市场营销、产品改进和客户支持，并于4年内在其第二大市场——中国建立了2 000万人的用户群。任务完成后，她于2015年离开中国，并很快在湾区成立了和米资本，投资新兴科技公司。

> 我们不认为中国是一个国家或市场，而是一个地方。
>
> ——菲尔·利宾
>
> 印象笔记联合创始人、前CEO

印象笔记成功的另一个支柱是摩根泰勒风险投资公司前普通合伙人肯·格利克森，他负责公司发展、全球销售和投资者关系。2009 年，他领导了印象笔记的首次机构融资，并在 2011 年全职加入印象笔记担任董事会成员，及时助力公司在中国的战略执行。在他的执掌下，印象笔记中国推出了企业版，从包括红杉资本中国基金和摩根泰勒风险投资公司的战略投资者、风险投资者和个人投资者那里获得了超过 2.15 亿美元的投资。

印象笔记成功的另一个秘密是投资人、中国著名企业家田溯宁，他是中国宽带产业基金的创始人兼董事长。他的互联网技术初创企业亚信科技于 2001 年在纳斯达克上市，是第一家在纳斯达克上市的中国高科技企业。田先生帮助印象笔记在他的另一家初创公司云基地的服务器上运行。迁移到本地数据中心有助于加快中国境内的数据连接和同步，并保持印象笔记功能正常运行。

中文名"印象笔记"翻译得十分巧妙，它包含了一个"象"字，正好与大象形状的公司 Logo（商标）呼应。但印象笔记不得不淡化其中国版中的社交功能，以规避审查和隐私问题。在中国，印象笔记被视为一款主要用于个人数据存储的 App。

印象笔记还采取了其他明智的举措：利用微信提高知名度、整合支付宝进行支付、将客户服务本地化，并推出专门针对中国客户的电子商务元素。

2019 年，由唐毅领导的印象笔记中国管理团队并没有浪费时间做一个独立实体来推进最初的成功，而是推出了更多为中国用户定制的功能。公司在 2018 年中期吸引了新的资金，本地创业管理公司、印象笔记的母公司投资者红杉宽带跨境数字产业基金，与田溯宁以及顶级投资人红杉资本中国基金的沈南鹏进行了所有权分割。2020 年印象笔记布局在中国公开募股，毋庸置疑，这将帮助其在中国发展。

第二部分

中国的"硅谷龙"风险投资者

第五章

中国的风险资本市场蓬勃发展

> 在中国，炙手可热的风险资本市场已经崛起，几乎达到了美国的水平，它们不再需要从加州的沙山路借鉴经验。中国顶尖风投公司开始投资达到独角兽估值的企业，这是一项能够改变"游戏规则"的创新，并会取得出色的成绩。

红杉资本中国基金的合伙人孙谦知道如何在风险投资领域取得领先地位。他说："很简单，赚钱！就是这样。"在一次由我主持的在香港举行的"硅谷龙"论坛上，他的一番话使大家会心一笑。

但他和在场的每个人都明白，不仅仅是这样。因早期成功投资谷歌和苹果而闻名的红杉资本为中国新兴企业的投资设定了很高的门槛。红杉资本中国基金拥有一支由60名投资人组成的庞大团队，他们在中国招商引资，几乎投资了每一家炙手可热、前途光明的中国科技公司，其中仅2018年就有14家上市，包括3家极为热门的初创公司。孙谦拥有工商管理硕士学位和哈佛大学法学博士学位，他带领红杉资本中国基金向中国超级App美团投资4亿美元，获得了49亿美元的回报，这意味着在2018年9月美团令人瞠目的IPO后，红杉资本中国基金得到了超过12倍的投资回报，这是红杉在中国极为成功的投资之一。

"我们很早就进入了这个行业，与中国最优秀的企业家合作，当时的市场竞争还没有那么激烈。"[1]红杉资本中国基金合伙人孙谦说，当然，以内华达山脉的巨树命名的红杉资本是一台"赚钱机器",它信奉着"致富光荣"的口号。

领导红杉资本中国基金的是其创始合伙人沈南鹏,他毕业于耶鲁大学管理学院,曾是一名投资银行家。他是类似亿客行的携程和经济型连锁酒店如家的联合创始人。凭借16亿美元的净资产[2],在《福布斯》2019年"全球最佳创投人"百强排行榜上位列榜首[3],这也是中国投资人首次荣登该排行榜第一名。2019年,共有21位中国风险投资家入围排行榜,创下历史纪录,其中红杉资本中国基金占据了最多的席位,包括沈南鹏和他的合伙人计越和周逵。

> 与任何一家优秀的投资公司一样,你必须以业绩为导向,要有精英管理,我认为赚钱才是唯一真正重要的事情。
> ——孙谦
> 红杉资本中国基金合伙人

以往的最佳创投人包括硅谷风投公司凯鹏华盈的约翰·多尔,他在对优步、亚马逊和太阳计算机系统公司的投资中取得了优异业绩;投资谷歌、贝宝和Zappos(美国卖鞋的B2C网站)的来自红杉资本的迈克尔·莫里茨;以及通过投资脸书发家的布雷耶资本的吉姆·布雷耶。

在沈南鹏的领导下,红杉资本中国基金与本书中提到的几个科技创业冠军合作,取得了一连串胜利。红杉没有像共享单车初创公司OFO那样,在非理性繁荣浪潮中融资而遭遇惨痛的失败。沈南鹏和孙谦都接受过良好的风险投资教育,深谙其道,他们能够将数学应用于工程、商业和计算机科学领域,并且有着敏锐的直觉。

红杉资本与苹果、谷歌和甲骨文的成功合作最为知名,它们都是硅谷的公司，都有着几十年的历史。2005年，沙山路才开始注意到中国的科技创新，美国合伙人迈克尔·莫里茨和道格·莱昂内很有远见，他们将特许经营权扩展到了中国。红杉资本为中国基金筹集了2.5亿美元的创始基金。沈南鹏和从德丰杰全球创业投资基金聘请的张帆迅速投资了27家有潜力的中国数字创业公司。2009年，以早年押注搜索引擎百度而闻名的张帆，因在负面指控声中辞职，而使公司遭遇挫折。[4]

虽然这损害了红杉资本的卓越声誉，但美国合伙人莫里茨是中国职业道德和创业文化的忠实拥护者，他帮助重建了红杉资本在中国的分支机构。2019年时，红杉资本在中国的投资额有近200亿美元。红杉资本中国基金作为在中国市场探索的最大的硅谷系公司，成绩斐然。2019年前后，在红杉资本成立的80亿美元巨额全球基金中，近2/3是为中国保留的。此外，红杉于2019年推出了3只基金，总额达25亿美元[5]，准备投资中国新兴的高科技公司。红杉成功背后的一个秘诀是耶鲁北京中心，该中心由红杉中国联合创始人沈南鹏和他的母校联合建立，旨在为红杉资助的企业创始人开办为期一年的领导力教育项目。

这是一个关键的时刻。在风险投资50年跌宕起伏的历史中，中国从未达到美国那样高的水平。而在21世纪第二个10年后期，从资本管理、投资总额、基金业绩、独角兽公司、突破性投资组合公司等许多指标来看，中国已经达到了美国的水平。

行业领军者中美风投公司启明创投的创始管理合伙人加里·瑞斯彻表示："中国新兴的创新和风险资本市场规模推动

着中国在世界舞台上竞争力的提升。"强有力的指标表明，风险投资的重心正从长期领先的硅谷转向中国的创业生态系统。

思考：

- 2018 年，中国风险投资支出几乎达到美国的水平，为 1 050 亿美元，增幅 56%，美国为 1 110 亿美元，增幅 42%。[6] 2018 年上半年，中国的风险投资支出超过了美国。[7]

- 2010 年，中国的风险投资支出仅为 56 亿美元，与美国的 353 亿美元相去甚远。

- 在 2018 年全球 2 750 亿美元的风险投资中，中国和美国的份额几乎持平，但在 2010 年，中国的份额仅为 12%，相比美国 66% 的份额和 470 亿美元的全球投资，还有很大的差距。

- 2018 年，中国风险融资规模增长约 8%，达到 236 亿美元，在过去 8 年的大部分时间里这一规模一直保持增长，从 2010 年的 99 亿美元开始飞涨，并在 2016 年达到 447 亿美元的峰值。与此同时，美国风险基金从 2010 年的 166 亿美元增长至 2018 年的 488 亿美元。

- 一项对中美风投基金业绩的分析显示，中国著名风投基金的平均回报率为 21.4%，略高于大部分美国风投基金。[8,9]

- 在有史以来全球 40 个最佳风险投资项目中，有 12 个是投给中国科技创业公司的。[10]

- 2018 年，中国签署了全球十大风投交易中的 7 笔，其中最大的一笔是蚂蚁金服高达 140 亿美元的融资。[11]

- 2018 年，中国共有 86 家独角兽公司，仅次于美国的 151 家。在全球估值超过 10 亿美元的独角兽创业俱乐部中的 311 家风险投资支持的私人控股公司中，1/4为中国公司。[12]

- 中国人工智能驱动的数字内容App公司字节跳动以750亿美元的估值位列全球最具价值独角兽公司榜首，超过估值680亿美元的优步。中国即时叫车服务提供商滴滴出行以560亿美元位居第三。
- 2018年，美国共有190次IPO，总融资额470亿美元，其中中国公司有31次IPO，共融资85亿美元，高于2017年的16次和33亿美元，创下自阿里巴巴2014年250亿美元巨型IPO以来的8年新高。[13] 2018年，美国最大的IPO中有4家公司来自中国。[14] 此外，2018年有44家中国公司在港交所上市，吸引了320亿美元的投资，几乎是1年前的3倍。[15] 见表5-1、5-2、5-3。

表5-1 中国、美国、全球风险投资额的变化　　　　单位：亿美元

	2018年	2015年	2010年
中国	1 050	447	56
美国	1 110	750	353
全球	2 750	1 550	470

资料来源：普瑞奇。

表5-2 中国、美国、全球风险融资规模的变化　　　　单位：亿美元

	2018年	2015年	2010年
中国	236	227	99
美国	488	346	166
全球	791	701	314

资料来源：普瑞奇。

表 5-3 2018年美国十大上市公司中的 4 家中国公司 IPO

	融资金额（亿美元）	排名	交易所
爱奇艺	24	3	纳斯达克
拼多多	17*	4	纳斯达克
蔚来	12	9	纽约证券交易所
腾讯音乐	11	10	纽约证券交易所

注：* 代表总金额包括超额配售权。
资料来源：迪罗基。

中国正在经历一场由技术创新和风险投资推动的经济革命，规模之大前所未有。参与这场革命的是自改革开放允许开办民营企业以来，中国的第一代科技创业者和风险投资人。在不到20年的时间里，中国已经达到了硅谷的水平。50年前，红杉资本的唐·瓦伦丁和凯鹏华盈的汤姆·珀金斯开创了沙山路式投资，那时的硅谷还点缀着果树，中国仍以农业生产为主。

我沿着从硅谷到北京和上海的创业之路，追踪中国的崛起。如今，中国顶级风投基金的投资回报率超过了大多数美国基金、房地产和股票市场投资，尽管其风险投资的风险更大，周期性更强，资金也没有充足的流动性。

三次挖掘寻找宝石

在过去20年里，中国的风险投资人经历了3个升级阶段。

第一个阶段是投资中国模仿亚马逊、脸书、谷歌和YouTube的公司，并搬来硅谷的"空降兵"管理交易；第二个阶段是中国本土团队为本土企业家提供资金，为他们量身定制符合中国人的创意；第三个阶段是转向全面伙伴关系，投资那些有可能被复制到国外并走向全球的颠覆性中国初创企业。

与此同时，中国科技也经历了3个不同的技术阶段。首先是2003—2010年的互联网初创企业，接着是之后几年以移动互联为中心的初创企业，然后是今天在人工智能、生物技术、自动驾驶、机器人学、无人机、流媒体直播、移动支付、社交网络和社交商务等领域的先进技术和商业模式。这些技术和模式对交通、金融、医疗、教育等经济领域产生了广泛的影响。这些交易并不是众所周知的风险投资人所青睐的低风险交易，也并不容易达成，甚至在10年前都是难以想象的。

"中国科技公司几乎在所有领域都打了胜仗，中国互联网市场成为一个独立的、自给自足的市场，从搜索、内容到电子商务无所不包。"红点创投中国基金创始及主管合伙人袁文达说道。红点创投中国基金是位于硅谷的红点创投的分支机构。他指出："在移动和消费互联网领域，凭借国内市场的规模，中国的技术创新已经达到世界领先水平。从2015年到现在，越来越多的中国科技公司正走出国门，追求它们的全球化理想，而这种趋势还会持续很多年。"

> 中国科技公司几乎在所有领域都打了胜仗，中国互联网市场成为一个独立的、自给自足的市场。
>
> ——袁文达
> 红点创投中国基金创始及主管合伙人

来自纽约的风险投资人吉姆·罗宾逊也参与了进来。"25年前，中国确实在复制，但如今中国拥有尖端技术，拥有最好的清华大学。"罗宾逊说道。他是总部位于纽约的RRE风险投资的联合创始人。作为中国的长期投资人,他见证了中国人在量子计算、机器学习、区块链和游戏软件领域的迅速发展。

但中国初创企业也有潜在的缺点。许多得到风险投资的中国初创公司像亚马逊一样,早在赢利之前就开始"烧钱",仿佛过了今天就无法追逐增长一样。

> 25年前,中国确实在复制,但如今中国拥有尖端技术,拥有最好的清华大学。
> ——吉姆·罗宾逊
> RRE风险投资联合创始人

"我们相信,中国初创企业大规模赢利的时代才刚刚开始。"周炜说,他是总部位于北京的创世伙伴资本的创始主管合伙人,他与来自凯鹏华盈中国基金的一个团队合作成立了这家公司。"我从不担心创业公司会亏损,我更在意的是它们创造了多少价值,等它们成功的时候会很赚钱。"

尽管存在中美贸易摩擦和科技竞赛等问题,但在持续动荡的科技经济市场中,巨型基金正在追逐明日的中国明星企业。基于年轻科技企业的投资竞争日益激烈,达到独角兽估值的中国初创企业数量也在不断增加。投资人的战斗口号是:"不要错过中国的下一个新事物。"社交商务创新者拼多多的突然出现,让许多风险投资人感到惊讶,因为他们就这样错失了机会。

> 我们相信,中国初创企业大规模赢利的时代才刚刚开始。
> ——周炜
> 创世伙伴资本创始主管合伙人

中国风投市场的范围已经缩小到一批长期成功的核心企业。中国市场的开拓性投资者凯鹏华盈和德丰杰已经不在中国投资了。新的独立部门被从硅谷的公司中分离出来，包括来自凯鹏华盈的创世伙伴资本、恩颐投资的长岭资本，以及科斯拉风险投资公司的科威资本。

更多资本正在流入中国成功的风投公司，来源包括大型美国养老基金，例如加州公务员退休基金和加州教师退休基金；主权财富基金，如新加坡的淡马锡和GIC；富有的连续创业者、家族办公室基金中的基金；以及大学捐赠，例如耶鲁大学、普林斯顿大学、美国西北大学和杜克大学。资金也从中国政府支持的投资集团流入人民币基金，这些基金可以直接投资于中国初创企业，使它们在中国上市，比如深圳类似纳斯达克的中国创业板和新的面向中国新兴企业上市的上海科创板等。[16, 17]但对中国国内金融业去杠杆化更严格的风险控制，以及"首次上岗"的部分中国基金经理糟糕的业绩表现，加大了人民币基金的融资难度。现在，大多数在中国投资的美国公司同时拥有人民币基金和美元基金，这些基金通常通过离岸子公司为中国初创企业提供融资。

同时，在一群成功而富有的连续创业者中涌现了一批天使基金投资人，比如小米的雷军，以及真格基金的天使投资人徐小平，他是在纽交所上市的新东方教育科技集团的创始人之一。

对于那些最优秀的投资人来说，中国的新兴科技企业是一座永不枯竭的"金矿"。

实力雄厚的主要中美合资投资企业情况，见表5-4，它们对中国独角兽企业的投资情况，见表5-5。

表5-4 实力雄厚的主要中美合资投资企业

企业	资本（亿美元）	基金数量（只）	投资数量（笔）	退出数量（笔）	成立时间
红杉资本中国基金	200	21	500*	70	2005
启明创投	43	12	344	50	2006
纪源资本**	62	13	345	103	2000
DCM资本***	40	14	400	75	1996
经纬中国	35	10	520	65	2008
金沙江创业投资基金	21	12	255	26	2005
创新工场	20	7	350	40	2009
光速中国	15	7	96	15	2012
红点创投中国基金	10	6	70*	9	2016
真格基金	10	5	700	45	2011
恩颐投资	—	8	50	20	2003

注：*（家）公司
** 包括中国和美国
*** 包括中国、美国和日本
其中，恩颐投资只用一只基金投资，没有单独的中国基金。
资料来源：硅谷龙论坛研究、风险投资公司。

表5-5 主要中国独角兽企业和主要中美风投企业

中国企业	风投企业
小米	晨兴资本、启明创投、IDG资本、淡马锡、DST全球
美团点评	启明创投、红杉资本中国基金、泛大西洋投资
拼多多	光速中国、IDG资本、榜样投资、红杉资本中国基金
字节跳动	海纳亚洲创投基金、纪源资本、启明创投、恩颐投资、高瓴资本、红杉资本中国基金

续表

中国企业	风投企业
快手	DCM 资本、红杉资本中国基金、晨兴资本
商汤科技	老虎环球基金、鼎晖投资、IDG 资本、富达国际、淡马锡、银湖资本、厚朴资本
旷视科技	启明创投、创新工场
滴滴出行	纪源资本、金沙江创业投资基金、经纬中国
大疆创新	红杉资本中国基金、加速合伙公司
蔚来	红杉资本中国基金、淡马锡、IDG 资本
小红书	真格基金、纪源资本
优必选	启明创投、鼎晖投资
摩拜单车	启明创投、祥峰投资、高瓴资本

资料来源：硅谷龙论坛研究。

在"数字丝绸之路"上跌跌撞撞

对投资人来说，尽管创业企业有机会成长，新技术前景广阔，中国企业文化得到了了解，但成功不是从天而降的。几家顶级的沙山路公司在这条数字丝绸之路上跌跌撞撞，无法将它们的知识从硅谷搬运过来。

要在中国保持实力是很困难的。以投资 Skype、Hotmail（微软提供的免费电子邮件服务）和特斯拉而闻名的蒂姆·德雷珀很早就开始支持中国的科技创新，甚至可以追溯到 20 多年前。虽然他早期通过德丰杰和 ePlanet 创投基金投资了搜索引擎公司百度，且在 2005 年百度纳斯达克上市后，从 28% 的股份中获得了 33% 的回报，但他已经停止了在中国的投资。德雷珀认为，由于中国加强了对资本外流的控制，资金很难流出中国。现在，德雷珀是Draper Associates（投资公司）的创始人及执行合伙人，也是位于加州圣马特奥的创业学校英雄学院的幕后英雄。他以德鼎创新基金有限合伙人的身份涉足中国，该基金成立于2016年，由英雄学院的CEO唐先生管理。

同样，来自RRE风险投资的投资人罗宾逊也讲述了一个类似的故事。他曾试图从一笔中国交易中获得资金，这笔与中国平安集团达成的交易产生了数百万美元的交易额。然而，他首先就要面临税收的问题，6个省分别要求得到总回报的20%。一家中国律师事务所帮助他解决了这一问题，但问题刚解决，罗宾逊就不得不想办法把人民币转移出去。对此有人给了他一些有趣的建议，比如他应该买一颗大钻石带回家，或者带一大包现金到香港兑换成港币。最终，他的公司想出了解决办法：通过两家分别位于中国香港和开曼群岛的全资子公司转移资金。

查尔斯河风险投资公司（以下简称"查尔斯河"）很早就在当时的合伙人比尔·泰的带领下进入了中国市场，正是他设立了波士顿公司的硅谷办事处。2006年，查尔斯河支持了一家总部位于北京的网络浏览器初创公司傲游浏览器，该公司的浏览器颇具创新性，且可定制，但从未进入过主要联盟。2014年，泰转任查尔斯河的名誉合伙人。2016年，他退出了傲游浏览器的董事会。作为一位收益丰厚的个人投资者、热情的区块链投资者和风筝冲浪运动员，泰看到，随着连接中国的视频会议软件公司Zoom在纳斯达克IPO，他的早期投资得到了回报。

梅菲尔德风险投资公司于2004年进入中国，其前董事总经理邝仮荣在总部位于北京的金沙江创业投资基金担任顾问时，曾牵头促使双方达成了合作伙伴关系。今天，梅菲尔德基金主要在美国和印度投资，而非中国。

2008年，经纬创投在中国获得了优势。当时，易趣网（后被eBay收购）创始人、eBay前CEO邵亦波，与中国公司长期投资者美国中经合集团的一支风险投资团队分拆成立了经纬中国。

加速合伙公司于2005年进入中国，当时吉姆·布雷耶与北京IDG资本展开合作，2019年时他是IDG资本的联合主席。1992年，IDG资本将第一批外资引入中国，并从对腾讯、百度和小米的早期投资中获得了巨额回报。

一些位于湾区的前沿公司没有足够的勇气或冲动在中国投资，但它们一直密切关注着中国。安德森·霍洛维茨基金合伙人、广受关注的数字中国专家陈梅陵跟踪中国的发展，并为该公司投资的美国初创企业寻找机会。2018年，彼得·蒂尔的创始人基金任命杰夫·朗斯代尔为亚洲区董事总经理，他经常从硅谷前往亚洲，了解当地情况，寻找投资机会。出生于印度的亿万富翁维诺德·科斯拉创立了科斯拉风险投资公司，旨在帮助美国投资公司在中国获得吸引力。一些硅谷的公司仍然认为在中国投资风险太大，而且许多俱乐部式的沙山路公司更喜欢待在靠近湾区半径范围的舒适区，因为它们害怕未知的情形，以及语言和文化障碍。

经验丰富的中国风险投资人有时也会失败。经纬中国、金沙江创投、真格基金以及阿里巴巴向中国共享单车初创公司

OFO 注资了 22 亿美元，经历了中国共享单车市场的狂热和崩溃。在一番天花乱坠的炒作之后，OFO 成了过度扩张、商业竞争和亏损商业模式的牺牲品。另一笔令投资者损失惨重的中国交易是 10 年前让软银、柏尚投资和纪源资本出资 1 000 万美元进行投资的博客平台博客网。博客网的创始人方兴东掌控数字媒体内容的能力很强，但他与董事会发生了冲突，并因在线广告收入跟不上支出而解雇了数百名员工，因此失去了 CEO 职位。在此之后，柏尚投资停止了在中国的投资。

风险之旅

中国作为新兴风投超级大国的历史可以追溯到 2002 年，当时美国互联网泡沫危机刚刚过去，硅谷沙山路的公司开始寻找下一个大事物。亚洲风投公司创始人、汉鼎亚太的徐大麟和华登国际的陈立武做出了许多努力，使硅谷的领导者更容易接受在中国投资的想法。硅谷的部分敢于冒险的投资人于 2004 年开始在中国创业，当时硅谷银行带领凯鹏华盈的约翰·杜尔、红杉资本的唐·瓦伦丁和恩颐投资的迪克·克拉姆里克等公司掌舵者在北京和上海进行了为期一周的旋风式"旅游"，与企业家、上市公司高管和政府官员会面。回来后的他们对中国的市场潜力和创业机器充满了敬畏之心。很快，这些北加州风险投资公司的合伙人开始将硅谷银行上海分行的会客办公室作为他们在中国的基地。几年内，许多硅谷公司在中国的城市设立办事处，首次与中国当地合作伙伴设立中国特有的基金，并签订了协议。

第五章 中国的风险资本市场蓬勃发展

对从硅谷来到中国的美国风投领军人物来说,中国是一个陌生的国家。他们不了解中国的情况,不熟悉中国的文化,不懂得中国的语言,仅仅是投资于未经考验的中国企业,考虑到这些,几家美国风投公司能够取得良好的成绩是相当了不起的。

在硅谷公司的带领下,中国的创业热潮初期产生了一些失误:小规模团队为了抓住机遇而捉襟见肘,从加州空降过来的合作伙伴无法填补空缺,匆忙聚集在新创企业前哨基地的团队之间频繁发生冲突,创业战略决策和战术行动都来自硅谷,而不是第一线。

我记得在 2007 年,凯鹏华盈创始人约翰·杜尔突然来到北京,召开了一次记者招待会,为的是在中国推出这家美国公司,并复制其成功的硅谷模式。凯鹏华盈专门为中国筹集了 3.6 亿美元的资金。两位声望很高的中国风险投资家汝林琪和周志雄被精心挑选出来,负责凯鹏华盈在中国的业务。但在 2008 年初,由于两位管理者的投资模式互不相容,周志雄在一年后离开了凯鹏华盈。2009 年中期,周志雄从凯鹏华盈中国收购了他的 7 笔投资组合交易,并将它们引入一家新公司——凯旋创投,与许多曾经支持凯鹏华盈进入中国的有限合伙人合作。与此同时,凯鹏华盈也在艰难地稳定和建立团队,并处理失败的投资。这些失败或是因为时机不佳,或是因为执行不力,或是因为创业者缺乏经营企业的经验。2017 年,随着一支投资者团队离开公司,凯鹏华盈停止了在华业务。这支离开的团队成立了新的早期技术投资公司创世伙伴资本,该公司在中国运营且为中国企业服务。凯鹏华盈在上海留下了一支精干的团队，处理过去的投资。2018年，风险投资家玛丽·米克尔的离开又一次打击了凯鹏华盈在中国的进一步计划。米克尔在凯鹏华盈名下发布的年度科技趋势报告中表示对中国看涨。而米克尔也在她的新公司邦德通过一个增长型投资基金进行投资。

连接成都

风险投资需要确认、研究和资助那些富有激情的创始人。他们有远大的理想和巨大的创新能力，并以对的团队、行业和商业模式在竞争中取胜。这是很高的要求。风险投资在硅谷已经够难了，而研究有前途的行业、寻找分拆的初创公司、获得推荐、核实资料，以及查看账目这些常规工作的执行在中国更为艰难。

要想挖掘到"宝石"就要避开已经有很多人走过的路。几年前，我在成都采访一位崭露头角的科技创业者时，碰巧遇上了香港晨兴资本的风险投资家刘芹，他刚刚结束了与创业者的会议。这种严肃而耗时的方法正是投资人所需要的，这也是为什么刘芹能够在房地产大亨陈启宗旗下晨兴资本任职的15年中，成为中国极为成功的风险投资人之一。刘芹很早就大胆押注了智能手机制造商小米和社交娱乐公司欢聚时代，并在这两家公司上市后获得了丰厚的回报。

成功来自退出。风险投资者通过公开上市或收购的方式兑现他们在初创公司中的股份。传统的看法是，高达90%的新创企业失败了，只有一小部分风险企业从投资中获利。另一个常见的规则是，投资者80%的回报来自20%的初创企业交易，这就是贝比·鲁斯效应。贝比·鲁斯是美国一位传奇棒球运动员，他有许多被三振出局的情况，但也打出了很多全垒打。在风险投资中，一笔成功的交易可以弥补损失并使资金回流，或者带来公司盈利所需的投资回报。一只基金通常需要10年才能充分投完，结果的好坏很难保证。就像美酒有不同的年份，且能随着时间推移变得越发醇香一样，风险投资的回报也会从基金最初投资的年份开始，在盛衰周期中波动。

巨人恩颐介入

恩颐投资是硅谷规模巨大、成立时间很长的投资公司之一，它是进入中国市场的先驱者，也克服了一些困难。2019年时，该公司拥有20多家公司的投资组合，但正如总管理合伙人斯科特·桑德尔领导恩颐在中国投资时告诉我的那样，最初他发现，一切要比预期的更加困难。恩颐自2003年起就在中国投资，当时大多数硅谷公司都不打算涉足中国市场。这家公司通过对中国半导体制造商中芯国际大胆投资的1.2亿美元赚了很多钱。中芯国际得到了亚洲领先的风险投资公司汉鼎亚太和华登国际的大力支持，它们还帮助恩颐参与了这笔交易。这家芯片制造公司于2004年上市，并在纽交所融资17亿美元。我曾和中芯国际时任CEO张汝京一起在上海参观，他被从中国台湾一家领先的芯片企业挖来，负责公司运营。中芯国际在2019年时就已成为全球规模巨大的芯片制造商之一。对恩颐来说，要想从其在中国投资组合中的其他项目中退出，需要付出更多的努力，该公司在 2007 年短暂停止了对更多初创企业的投资，以解决积压的问题。恩颐希望在中国设立一家美国合作伙伴企业，但合伙人桑德尔选择继续往返于中美，而不是举家搬到上海。这时，公司的传奇创始人迪克·克拉姆里克挺身而出。为了展现公司对中国的承诺，他和妻子帕梅拉离开了他们在诺布山的家，于 2008 年搬到上海，对公司在中国的投资进行了为期一年半的监督。克拉姆里克与当地合伙人蒋晓冬共事，后者是该公司在中国的第一位全职员工，他在北京和上海都开设了办事处，并带领当地投资团队工作了 11 年。2016 年，蒋晓冬离职组建了一家分拆公司——长岭资本，募集了 1.25 亿美元资金，主要投资医疗保健公司，而恩颐在其中扮演投资者和顾问的角色。恩颐一直在寻求与中国公司的交易，与当地独立团队共同投资，并通过硅谷的基金资助初创企业。为了加大在华活动的力度，2012 年，恩颐聘请前公司证券律师周一华为特别顾问，并很快将其提升为合伙人。2019 年时，她是普通合伙人、董事长兼亚洲区负责人，作为威尔逊律师事务所的前合伙人，她为公司带来了"深层知识"，且参与了许多开创性的交易，例如由恩颐支持的中国半导体公司中芯国际和展讯的 IPO。2018 年，恩颐参与了对中国热门创业公司之一字节跳动的共同投资，并与红杉资本中国基金和纪源资本共同投资了一家中国在线教育初创企业作业帮。

中国热闹的中心

中国科技创业在不断演变。这一行动已经从主要中心北京和上海扩展到腾讯总部所在地、硬件创新之都深圳，以及阿里巴巴总部所在地杭州。更远一些的城市，比如成都、武汉和重庆也进入了科技发展的前沿。对风险投资人和创业者来说，以贸易、金融和房地产著称的中国香港也是一块"磁铁"。他们喜欢香港优惠的税收政策、便利的生活条件、以技术为导向的大学、与中国内地的近距离、香港证券交易所上市方面的技术友好型政策，以及熟悉中国商业模式的机构投资者基础。

中国的经济中心是由工程和管理人才、硬件加速器HAX等共享办公空间和孵化器集群、大量的网络活动，以及为年轻公司提供资金、法律和会计服务的主要专业公司支撑起来的。中国共有7 500个孵化器和众创空间，居世界首位。[18]

在中国的风险投资和科技初创企业风起云涌之际，硅谷仍保持着世界科技创新中心的地位。至今，硅谷依然是东西方的十字路口，吸引着世界各地的投资人和创业者。

对于经常出差的商务旅客来说，旧金山机场的联合航空公司休息室是长途飞行前交流和放松的好去处。在那里，我无法保持低调，因为我的许多风险投资联系人也在，他们可能和我坐同一个航班。对中国的风险投资人来说，在富有的阿瑟顿、洛斯阿尔托斯或帕罗奥多拥有第二个家的情况并不稀奇，因为他们需要了解硅谷的动向，并和家人一起度假。这也是一种调节，可以防止中国业务出现一些问题，也可以避开中国拥挤城市中繁忙的生活方式。

但是，不要指望中国的风险投资人会离开他们的祖国。位于中国这一巨大转型"战场"的第一线，着实令人兴奋，并且受益匪浅。这场转型的速度非常快。人们的想法会迅速传播，通常由微信团队实现。中国的企业家通常一周工作6天，每天工作12小时，也就是俗称的"996"，这个词在中国科技界和投资界很流行。对于中国的企业家和风险投资人来说，午夜召开电话会议并不奇怪，因为有时候他们要和有着15个小时时差的加州合伙人或同事联络。

在中国进行投资的顶级公司创业合伙人是一群精英。他们拥有哈佛、斯坦福、耶鲁、普林斯顿、西北大学、加州大学伯克利分校、沃顿商学院、康奈尔大学等顶尖学府的商业或工程学位，并拥有谷歌、高通、英特尔、微软等跨国公司的运营经验。他们与队友合作愉快，在工作中对创新充满激情。对许多人来说，这不仅仅是钱的问题。他们中的一些人也是技术极客。他们中的大多数都有国际视野，在路上花费了大量时间，喜欢旅行，而且不太介意热门航班，至少在商务舱是这样的。他们工作时间长，喜欢美酒和海滩度假胜地，而且有足够的钱支持孩子上最好的私立学校。他们由私人司机或优步（相当于中国的滴滴）接送，在靠近斯坦福大学的沙山路或北京、上海的市中心大楼中装修精美且宽敞的办公室里工作。这听起来很轻松，但需要努力、投入和决心。

逆流和协同作用

中国"硅谷"的早期成功在很大程度上要归功于它对美国的依赖，这种依赖实现了思想和资金的跨境流动。北京的中关村软件园和门洛帕克的沙山路之间有一条双向高速渠道，能够为太平洋两岸的初创企业筹集资金。这种双向渠道创造了协同效应，加快了美国和中国乃至全球范围内企业的创建、创新和规模化。

尽管美国政府营造的紧张局势正在加剧，但从中国到美国的科技投资渠道一直在增加。2018年，中国风投基金在美国的投资额为31亿美元[19]，较2017年的21亿美元有所增长，主要投资于枯燥但关键的、新兴的深度技术化领域，而2010年时这一数字几乎为零。此外，2018年，中国与美国风险投资公司共同投资了231笔交易，在美国交易总额中的占比稳定在9%左右。[20]

美国国防部及其国防创新部门注意到了这一水平的交易流动，他们负责帮助军方更好地利用新兴技术。该机构发布了一份有关中国技术转让做法的报告，援引的统计数据凸显出中国在美国技术投资中的嵌入程度。[21]

2018年，尽管中国风投公司对美国的投资金额没有减少，甚至有所增长，但贸易和技术问题导致的中美关系恶化等确实导致中国企业对美国企业风险投资速度放缓。[22]另一个抑制企业风险资本流动的因素是，中国政府对资本外流实施了更为严格的管控。

来自硅谷的长期跨境投资者淡化了中美科技和贸易紧张局势的影响，并将其视为一个对科技经济世界影响不大的政治问题。"从定义上说，技术是全球性的，是没有国

> 我们正在进行跨境投资，而这些创新真的没有国界。
>
> ——叶明
>
> CSC Upshot Venture 创始管理合伙人

界的。"硅谷风投公司 CSC Upshot Venture 的创始管理合伙人叶明表示。2019 年，她在旧金山湾区举行的"硅谷龙"论坛上说道："我们正在进行跨境投资，而这些创新真的没有国界。"跨境科技投资公司大西洋桥的普通合伙人戴维·拉姆指出，任何障碍在很大程度上都是由政治造成的。"全球供应链是国际化的，这一趋势势不可当，且已经发生了，时光无法倒流。一些政治家并不一定认同这种观点，并且他们是推动这些政策的主要力量，这显然会造成障碍，因为他们的行动更多是出于政治目的而非商业目的。"他说道。

中美风投的桥梁

但是，这些分歧正在促成硅谷与中国跨境投资桥梁的重建。创业不再是位于同一水平上的双向道路，而是开始分成两条单向行驶的道路。结果如何呢？中国和美国在各自的地理范围内形成了独立的中美风投领域。这一变化的一个迹象是，总部位于北京的创新工场正在重新调整其之前在中美双方达成的交易重点，将重点放在中国方面的交易上，由董事长兼 CEO 李开复领导该公司在北京的人工智能大本营。

在这种背景下，大量面向中国的新基金仍在推出。见表 5-6。中国投资公司高瓴资本是许多著名公司的支持者，包括腾讯、百度和京东。2018 年 9 月，高瓴资本筹集了 106 亿美元的巨额基金，用于在中国和亚洲进行投资。

表5-6 来自中美风投公司的新的中国基金：2018—2019年

风投公司	投资额（亿美元）	基金情况
红杉资本中国基金	25	3只中国基金，筹集1只新的80亿美元全球基金
启明创投	13.9	3只基金，包括价值3.4亿美元的人民币基金*
纪源资本	18.8	4只基金，加上价值2.5亿美元的人民币基金*
创新工场	5	1只基金，加上价值3.75亿美元的人民币基金*
经纬中国	7.5	1只基金
光速中国	5.6	2只基金
创世伙伴资本	2	1只基金
长岭资本	2.65	1只基金
DCM资本	7.5	1只基金
真格基金	1.9	1只基金
红点创投中国基金	4	2只基金

注：*代表引用的人民币基金规模以美元的价值表示。
资料来源：硅谷龙论坛研究、风险投资公司。

长岭资本是从恩颐投资分拆出来的公司，它推出了第二只2.65亿美元的基金，投资于为中国老龄人口服务的医疗保健和消费行业。2018年，从凯鹏华盈分拆出去的创世伙伴资本是一个原本有两亿美元资本的新基金公司，它又募集到两亿美元资金，使其资本超过了4亿美元，用于投资中国的科技、电信和媒体初创企业。周炜的公司在2018年末进行了第一次IPO，中国初创公司玩咖欢聚在香港上市，这是一个安卓智能手机品牌在中国的联盟，专注于流量增加和商业化。"我们希望更好地抓住中国的机会，因为中国的创新发展速度非常快。"周炜说，他有一个由16名合伙人组成的团队，"中国总是有令人惊讶的事情发生"。

另一个分支科威资本由科斯拉风险投资公司前投资人钟子威创立。该公司发起了一项两亿美元的基金，专注于帮助西方企业家在中国和印度市场将技术商业化。

重心东移

风险投资人的下一个前沿领域已在东南亚打开，这为拥有快速增长的6.65亿人口和2.6亿庞大互联网用户的初创企业提供了大量资金。由于文化相似性以及中国和地区性资本的流入，中国的商业模式和创新很容易转移到这一地区，并迅速流行开来。2018年，亚洲企业的融资额比前一年增长了11%，达到810亿美元，较2013年的70亿美元大幅跃升。2018年，其交易数量跃升了42%至5 066笔，这是其连续第5年实现增长。[23]

尽管我去过东南亚地区旅行和采访，对该地区有所了解，但是当我参加曼谷一次宏大而华丽的科技峰会并发表演讲时，仍对其正在萌芽的创业文化感到惊讶。这场由当地科技和商业传播集团TechSauce主办的活动吸引了来自附近国家和西方的数百家初创企业和数百位风险投资人。相比之下，每年在旧金山举行的Tech Crunch Disrupt大会规模很小，也没有那么亮眼。

投资公司尚升资本的创始人纳扎·亚新认为，东南亚是"另一个规模堪比中国的机会"，该公司为在新兴市场中扩张的互联网业务提供资金。在2019年一次在中国香港举办的"硅谷龙"论坛上,投资人亚新指出,2017年,在全球12项最大的互联网融资中,东南亚初创公司占了5项,2018年,东南亚初创公司占全球最大互联网融资中的3项。几家面向中国的公司在新加坡开设了办事处,其中包括纪源资本。戈壁创投成立于2002年,以横跨中国北部的沙漠命名,它经营着阿里巴巴香港创业者基金,但也转向了东南亚市场。戈壁创投在该地区投资了58家初创企业,并为印度尼西亚和马来西亚的早期投资各推出了1 000万美元和1 450万美元的基金。我曾介绍过《福布斯》亚洲版"30位30岁以下精英榜"中的几位年轻的超级巨星,他们中许多人来自印度尼西亚、马来西亚和新加坡,他们与杰出的中国企业家一样令人印象深刻。

中国的风投淘金者

尽管新地区具有吸引力,但中国的规模、创业文化、科技人才和发展速度使它依然是亚洲的"灯塔"。一些风投公司展现出了认真的态度,聘用会说普通话的合伙人,并在中国开设办事处,从而在中国深深扎根。他们在各种风险投资常见的周期性衰退和好转中坚持了下来,并持续发展壮大。

下面将更详细地介绍在中国极为活跃的中美风险投资企业,它们找准了时机,在中国市场还很年轻的时候就赶上了中国的科技热潮,那时的机会似乎是无限的,投资的估值也比现在低很多。

启明创投的黎明

启明创投是中国长期以来的主要风险投资公司之一，主要在中国的 5 个办事处专注于中国方面的交易，2019 年前后开设了 1 个美国办事处，并推出了 1 只美元基金。早在 2006 年，在创始合伙人加里·瑞斯彻的带领下，启明创投就开始了对中国科技企业的投资。瑞斯彻是风险投资领域的先驱和导师，在互联网泡沫破灭之前，我就一直关注他的职业生涯。从 20 世纪 80 年代末在日本工作，到繁荣的 90 年代中期在硅谷建立和运营软银美国风险投资业务，再到大约 8 年后结束的下行周期，他对当时即将繁荣的科技经济有着很好的预感。2005 年，当瑞斯彻结束与软银的合作后，他和妻子搬到了上海，而此时正值互联网初创企业的种子期。2006 年，他联手英特尔资本中国区前董事邝子平，与西雅图地区的风投公司 Ignition Partners 合作，共同成立了启明创投。但瑞斯彻后来决定，启明创投应该有自己的身份，而不是用美国品牌在中国建立业务。他想为公司起一个中文名字，他的妻子从他们的两个孩子的中文名字中想到了"启明"，意为激发或启发。

瑞斯彻曾表示，他将为自己的创投公司在中国取得的成功庆祝一番。他看到中美在科技领域不断竞赛。他很高兴，因为启明创投的一些基金为公司带来了 30% 左右的投资回报，使公司位于在中国投资的顶级风投公司之列。

启明创投管理着 12 只基金，总值超过 43 亿美元，包括 7 只美元基金和 5 只人民币基金，投资了 280 多家年轻的、成长迅速的创新型公司,领域包括清洁科技、医疗、互联网和信息技术。其中超过50家公司已被收购或在美国、中国内地、中国香港上市,包括智能手机制造商小米,以及即时食品配送和服务提供商美团。

与其他许多风投公司不同,启明创投的合伙人专注于行业。例如,以前与瑞斯彻一起在软银工作的香港管理合伙人梁颖宇专门从事医疗保健方面的投资。

该公司的5位管理合伙人之一、董事总经理甘剑平位列《福布斯》"全球最佳创投人"第5名,这得益于他对美团和广受欢迎的自拍编辑App美图秀秀的投资。在该公司的投资组合中约有20家公司已成长为"独角兽"。其他一些则是通过大宗交易收购的,比如共享单车摩拜,摩拜单车在2018年被美团收购。

2016年,经过11年在上海的生活和在金茂大厦的办公后,瑞斯彻从上海搬回了美国西雅图。2018年,他推出了1只1.2亿美元的专注于美国的基金,这是该公司在中国以外推出的第一只基金。他在西雅图、帕罗奥多和波士顿的办公室投资了新兴医疗保健公司。他还在持续积极参与关注中国的发展动向。

坚毅的纪源资本

2018年,纪源资本的新基金总额接近19亿美元,其管理的62亿美元资本表明中美跨境投资战略已经奏效。该公司专注于电子商务和移动互联网交易。纪源资本的声誉建立在2003年底对阿里巴巴的一次投资上,这笔投资在当时也只是一个赌注,但几年前高盛和软银对阿里巴巴进行了初始投资,从而对冲了这一风险。纪源资本最终向阿里巴巴注资了780万美元，之后声称获得了两亿美元收益，尽管该公司在2014年阿里巴巴巨型IPO前出售了所持有的阿里巴巴的大部分股权，因而错失了更大的收益。

从那时起，纪源资本又开始寻找下一个阿里巴巴。这家公司投资了几笔由天使投资人、小米CEO雷军初始投资或创立的交易。纪源资本的合伙人经常去斯坦福、哈佛和其他优秀的大学寻找创业者。在4位创始合伙人的努力下，这家公司已经走了很远，成为人们关注的焦点。这4位创始合伙人包括前硅谷律师乔尔·克尔曼和新加坡高科技投资人吴家麟，他们都因为退休或成为个人投资者而离开了公司。2000年，我在四季酒店举行的华盈创投年会上见过他们中的几位，在会上我们听到几位年轻的科技创业者介绍他们的初创公司。我们参观了刚刚开业的上海新天地高端购物和居住区，并与来自瑞安集团的开发者罗康瑞见面。那是一段令人兴奋的时光。

纪源资本继续投资于中国和美国的51家市场领军企业，以及一些上升中的企业。其中一家是中国无人机制造商亿航，几年前，亿航在CES上以其"飞行出租车"的概念赢得了观众的喝彩。后来纪源资本缩减了对中国市场的投入，但后来它又开始增加投入。从好的方面看，在这51家投资组合公司中，大约有一半已经上市。这家跨国投资公司的IRR（内部收益率）达到了25%，这是一项衡量投资业绩的指标，这使它成功跻身中国或其他任何地方的顶级风投公司之列。在2019年前后的一次募资中，除了第三只价值约2.25亿美元的人民币基金，纪源资本还巧妙地增加了一只6 000万美元的创业者基金，该基金利用了基金有限合伙人中成功的公司创始人的精力、资本和技术。

纪源资本最重量级的人物是位于硅谷的管理合伙人童士豪，他是中国台湾人。2005—2007年，当他在上海和门洛帕克的柏尚投资工作时我就知道他。2007—2013年，他的职业生涯在启明创投实现腾飞，从2010年开始，他支持公司对小米的投资，并首次投资了一家名为"一嗨租车"的中国汽车租赁公司，该公司吸引了Enterprise（租车公司）的融资合作，并于2014年在纽交所上市。童士豪想把根基从上海迁移到硅谷，2013年，他离开中国，搬到了旧金山和伍德赛德，加入了纪源资本。他后来成为硅谷极为知名的风险投资人之一。他主持了公司的热门播客节目"996播客"，采访科技创业者和他们的一些合作伙伴，他在公司微信群里分享自己的观点，主持路演比赛，定期在科技活动上发表演讲，他还经常以中国科技评论员的身份出现在CNBC（美国消费者新闻与商业频道）。他曾6次登上《福布斯》"全球最佳创投人"排行榜，他的投资组合中有13家估值超过10亿美元的独角兽公司，其中包括本书中提到的智能手机制造商小米、电子商务网站小红书，以及在2017年以约9亿美元的价格卖给字节跳动的音乐娱乐流媒体应用程序Musical.ly。童士豪毫不避讳地透露，根据2018年的IPO价格，早期对小米投资所得的回报将达到初始投资的866倍。在搬回美国后，童士豪还花时间与美国公司合作制订进入中国的计划，并为爱彼迎的联合创始人柏思齐就中国市场的共享房屋战略提供了建议。

尽管经济增速总体放缓,但他仍对中国的科技机会感到兴奋。"整个经济体正在改变其结构。新的互联网经济正在升级原有的线下经济。在这一过程中,总体经济增长放缓,但净增长速度远高于一般经济增长速度。"他指出,像阿里巴巴和腾讯这样的老牌中国科技公司的高增长率就是证明。

管理合伙人李宏玮也在《福布斯》"全球最佳创投人"榜单上名列前茅。她自称是极客,是一名受过训练的电气工程师,曾经也是一名战斗机工程师,她从新加坡来到上海,对纪源资本在上海的成立做出了重要贡献。我在那之前的几年见过她,当时她在日本投资公司集富亚洲担任副总裁,并开始考虑在中国进行风险投资。众所周知,她打破了女性风险投资的天花板,自 2012 年以来一直跻身《福布斯》"全球最佳创投人"排行榜,并于 2015 年闯入前 10 位,2019 年排名第 19 位。凭借对尖端技术的热情,她投资了无人机创业公司亿航及其飞行出租车的梦想,还投资了人工智能语言学习机器人流利说,该公司于 2018 年在纽交所进行 IPO,并融资 7 200 万美元。李宏玮也是中国社交媒体公司欢聚时代的支持者,该公司一直凭借视频流媒体在中国市场占据主导地位,并于 2012 年在纳斯达克上市,自上市以来其股价已上涨超过 10 倍。[24]

DCM 资本

在连接东西方的沙山路风险投资公司中,DCM 资本一直位于前列,享有跨太平洋专业风投公司的地位。该公司管理着40亿美元的资产,自1996年成立以来已经投资了400多家企业。

我参加了DCM的20周年峰会。当晚的一个亮点是DCM联合创始人兼普通合伙人赵克仁与雅虎联合创始人杨致远聊起12年前杨致远和马云曾在同一个海滩漫步的事,那一次漫步后,雅虎以当时惊人的10亿美元的价格收购了阿里巴巴40%的股份。

2007年,风险投资家赵克仁告诉我,只需要10~20年,中国就会出现比尔·盖茨或乔布斯这样的人。当然,如今情况已经发生了很大的变化。杨致远目前正通过他在2012年创立的创新投资公司雨云创投与科技创业者合作和投资,并在5家公司的董事会任职,其中没有雅虎,但包括阿里巴巴、联想和滴滴出行这些面向中国的企业。

作为一家风险投资公司,DCM资本的与众不同之处在于它的三大市场模式,即专注于美国、中国和日本,在硅谷、北京和东京都设立了办事处。中国占该公司创业投资的1/3,但公司的大部分交易在美国进行。DCM在旧金山艺术博物馆举办的一年一度的假日派对是我必须出席的活动,它吸引了众多我认识的跨境风投行业的交易撮合者。

该公司登上《福布斯》榜单的两位合伙人是赵克仁和林欣禾。联合创始人赵克仁是亚洲顶尖风险投资人之一,也是《福布斯》最优秀25名风险投资人之一。他是一个努力进取的完美主义者,业界一个长期流传的笑话是DCM代表"David Chao Management"(赵克仁管理),但实际上它代表多尔,即传奇风险投资人狄克逊·多尔（Dixon Doll），他后来在湾区拥有了自己的创投公司 Impact Venture Capital。赵克仁从医学院退学后，曾在苹果公司从事市场营销和产品管理工作，1996 年，他作为 DCM 的联合创始人发挥了重要作用。他也是中国重量级投资公司君联资本的顾问委员会成员。君联资本是联想旗下的一家风险投资机构，他的公司曾与该公司达成合作协议。赵克仁一直是一些科技创始人在投资上的灵魂伴侣，据我所知，其中包括社交网站人人网的陈一舟，2001 年，这家公司在纽交所 IPO 的融资金额达到 7.4 亿美元，但后来，人人网并没有成为中国的脸书，陈一舟现在独自进行科技投资。赵克仁轮转负责过 DCM 的所有业务领域，在中国，通过纳斯达克上市的人力资源广告服务公司前程无忧和万达旗下的快钱公司都是他的主要投资战绩。

DCM 中国另一位杰出的合伙人是联合创始人林欣禾，他专注于对消费互联网业务的投资，作为在纳斯达克上市的中国大型互联网门户网站新浪的联合创始人，他在中国互联网市场的开创性经历，使他对消费互联网业务方面的投资非常熟悉。机敏的他找到了自 2006 年在北京加入 DCM 以来的第二个风投人的使命，取得了一系列成功，并经常登上《福布斯》排行榜。他投资了本书中提到的视频分享 App 快手和在线折扣零售商、在纽交所上市的唯品会。他在中国的其他著名投资还包括 2016 年在纽交所上市的在线英语辅导服务 51Talk 和 2013 年在纳斯达克上市的在线分类网站 58 同城。

光速中国的光速交易

另一个不容忽视的投资者是光速创投的附属公司光速中国，该公司由创始合伙人、中国科技投资人宓群领导。自2012年脱离母公司以来，光速中国一直只在中国进行交易，它在上海和北京设立办公室，拥有7只基金和96笔投资，总投资金额达15亿美元，其中包括一只价值约8 700万美元的人民币基金。自2019年起，光速中国为两只新成立的中国基金募集了5.6亿美元，专注于对年轻的、正在成长的科技公司进行投资。

宓群于2008年加入光速创投，此前他负责谷歌在中国的并购业务，并牵头投资百度。2017年和2018年，宓群在光速中国取得了不俗的成绩：初创企业拼多多、美团，互联网金融公司融360，P2P（互联网金融点对点借贷平台）网络借贷平台拍拍贷，一个投资组合公司的3亿美元收购，以及字节跳动旗下的自拍编辑和分享App FaceU激萌。

"中国的企业服务和深度技术创新处于发展初期。鉴于中国广阔的市场、深厚的人才储备以及各行业对国产深度技术的需求不断增加，我们看到了加速的增长和巨大的投资机会。"宓群说道。他在风投排行榜上名列前茅。

红极一时的红点中国

红点中国也没有落后，在2019年推出了两只新基金，用于资助消费企业和前沿科技领域的早期创业公司以及成长型公司。

创始及主管合伙人袁文达表示，这些基金是在3个月内筹集到的，并得到了超额认购。新基金使该公司的机构投资者数量超过了30家，比2016年的首只1.8亿美元基金增加了超过一倍。

"专注于中国市场的基金的融资环境正日益在'有'和'无'之间分化。"袁文达说，"首次创业的管理者在筹集资金方面面临越来越大的挑战。许多在华授权的有限合伙人分配已经达到饱和，只有在有职位空缺的时候才能增加新的管理者。"

2018年，红点创投的4个中国投资组合公司在美国、中国香港和中国内地成功IPO，包括游戏公司乐逗游戏和新闻聚合器App趣头条。

金沙江创投

金沙江创投在中国的创业起步较早，其联合创始人伍伸俊是一个充满活力的人，他总是会在采访结束的时候说："最好的尚未来临。"

他可能是对的。伍伸俊在2019年时管理着金沙江全球并购基金，专注于跨境收购，而金沙江创投则是数家新一代中国企业的第一位机构投资者。位于北京的合伙人朱啸虎连续4年入选《福布斯》"全球最佳创投人"榜单。他投资了叫车服务领头羊滴滴出行和被阿里巴巴收购的食品配送服务公司饿了么，但也投资了失败的共享单车初创公司OFO。

***

风险投资的重心还没有从硅谷转移到中国，而且可能永远也不会转移。但如果这件事真的发生了,那么这里所提到的中美风险投资人群体将成为开创者,因为他们早在科技创业和风险投资开始改变中国时就参与了进来。他们没有错过机会,把大赌注押在了中国快速增长的科技新贵身上。他们投资的许多初创企业已经通过高价值的 IPO 和收购成为明星。他们在 2019 年前后筹集的巨型基金将寻找其他数十个可能为中国及世界带来颠覆性技术创新的抢手项目。中国还有很长的路要走。在这个距离硅谷数千英里的、崭新的、充满活力的"硅谷龙"科技中心,中国科技公司创始人正在接受培训和积累资本,以期成为明天的领军者。

第三部分

中国具有竞争力的关键市场领域

第六章

人工智能的对决

> 中国和美国正在争相占领重要的人工智能市场。中国可以凭借其数据优势,更快地推出自动驾驶汽车、服务于公共安全的人脸识别系统,以及服务于金融科技、教育科技和医疗保健领域新创企业的人工智能技术,最终超越美国。

商汤科技是世界上极具价值的人工智能新创企业之一,其联合创始人兼 CEO 徐立博士用中文分享了公司名称"商汤"的故事。这个名字源自中国古代商朝的第一任君主。商朝始于公元前 1600 年前后,当时的数学、天文学、农业和手工业都取得了飞速发展。徐立博士在被授予硅谷龙年度"创始人成就奖"时告诉在场嘉宾,虽然他从未料想到自己的新创企业会成为世界领先的人工智能独角兽公司,但他一开始的梦想就是让人工智能技术产生与那个历史时期的社会进步相当的巨大影响。

他的早期投资者是著名的香港投资银行家梁伯韬。因多次帮助内地公司在香港成功上市,梁伯韬也被称为"红筹股之父"。在香港的颁奖典礼上,梁伯韬与徐立博士相邻而坐,对他点头称赞。梁伯韬说,他相信,在中国人工智能领域,商汤科技将成为能够与百度、阿里巴巴和腾讯等公司比肩的佼佼者。

商汤科技已经具有完备的摄像监控技术,可以分析人脸、汽车牌照、车辆类型和路况,以提升中国的公共安全水平。它开发的高科技系统还可以在员工较少的收费站、点对点借贷和手机解锁的情况下验证使用者的身份。中国农历新年出行高峰时期,商汤科技的人脸识别技术能自动核对旅客的个人身份证、车票和行李,有效减少了旅客排队等候的时间。旅客还可以站在"智能"传感摄像头前查看登机时间、航班状态和登机口信息。这项技术正在北京大兴国际机场推广开来,但它在美国芝加哥奥黑尔国际机场的出现,还需要一些时间。

中国的主要路口和公共场所都有摄像机进行实时录像,全国有两亿台摄像机可以捕捉到人们横穿马路、入室偷窃和在商店行窃等违法行为。中国的监管部门根据每个人的社会行为给他们打分,这一分数会影响到他们的信用评级,甚至影响火车票的购买。据报道,纽约市警察局正在使用商汤科技的合作伙伴海康威视[1]在中国开发的摄像头和人脸识别软件对市民进行监控。

在美国,科技巨头谷歌、微软、亚马逊、脸书和IBM(国际商业机器公司)主导了人工智能的未来发展和实际应用。谷歌的自动驾驶汽车正在加州101号高速公路上进行测试;脸书基于对用户内容偏好的深入了解而发布消息;亚马逊的智能音箱Alexa可以通过语音识别控制电灯、电视和扬声器;微软的云计算服务平台Azure依托语音和语言应用进行认知计算;IBM的沃森健康则利用基于人工智能的计算机系统提高生产效率,改善了客服中心、生产线和仓储的客户服务。

在中国,百度、阿里巴巴和腾讯正在研究类似的技术,并与美国科技巨头争相成为人工智能领域的世界领导者。中国科学技术部计划将中国打造成人工智能领域的全球领导者。为实现这一目标，中国科学技术部在总体规划中为每一个中国科技巨头企业指定了专业领域：百度专攻自动驾驶，阿里巴巴专攻智慧城市计划，腾讯专攻医疗诊断领域的计算机视觉技术。中国政府还指定了两家新创企业领导人工智能的开发，它们分别是专攻人脸识别技术的商汤科技和专攻语音识别技术的科大讯飞。

百度、阿里巴巴和腾讯都在自动驾驶技术领域发力，并且每家公司在人工智能领域都有自己的专长。百度拥有 DuerOS 系列智能家居产品和探索自动驾驶技术解决方案的开放平台阿波罗。2015 年，百度已经在人工智能领域拥有了领先谷歌数年的技术。阿里巴巴的支付宝实现了用人脸识别技术进行支付。此外，阿里巴巴有一个名为"城市大脑"的人工智能云平台，可以对数据进行处理，以制定更好的城市规划模式。腾讯正在将诸如换脸效果和视频聊天滤镜等多元媒体技术融入其社交媒体中，并投资了个性化医疗、数字化患者医疗记录和远程医疗监控等项目。为了在人工智能领域胜出，这三大巨头正在全球范围内投资新创人工智能企业，以猎取新的人工智能技术及其应用。2014—2019 年，这三大中国科技巨头已与正在制造人工智能芯片和开发人工智能软件的新创企业进行了 39 笔股权交易。[2]

尽管中国对美国科技新创企业的投资将受到审查，但这种跨境投资方式在人工智能领域依然非常活跃。在美国，腾讯进行的交易最多，而百度拥有最多元化的人工智能投资组合，涵盖了医疗保健、广告业和传媒新创企业。百度的人工智能板块不仅包括全球生态系统中95家致力于自动驾驶的企业，还投资了美国人工智能领域相关的新创企业，如金融科技领域的ZestFinance，会话语言搜索领域的KITT.AI，数据链分析领域的TigerGraph，大数据领域的Tiger Computing Solutions，以及服务于自动驾驶计算机视觉技术领域的xPerception。腾讯在全球医疗领域拥有多个人工智能合作伙伴，并在美国投资了12家人工智能新创企业，包括虚拟形象创造者ObEN和两家基于深度学习的药物研发公司Atomwise和晶泰科技。

商汤科技引起白宫注意

在汽车和半导体领域，中国还没有任何世界领先企业，但很少有人可以对中国日益强大的人工智能基础技术能力嗤之以鼻。这些技术与我们的日常生活密切相关，不论是从电子商务诈骗侦查到癌症检测系统，还是从自动驾驶传感器到基于机器人技术的货物配送、教育行业和网络借贷，都少不了人工智能基础技术的身影。

自人工智能问世以来，美国和中国的科技公司都向人工智能技术和应用领域倾注了大量资金和人才。全球经济的秩序随时可能发生变化，这一点事关重大。中国正努力更快地成为全球领导者，并计划到2030年形成一个价值1 500亿美元的产业。美国在人工智能人才和研究方面长期处于领先地位，但中国在人工智能领域发表的具有巨大影响力的科学论文的数量正在超越美国。

随着贸易摩擦的加剧，美国政府开始担忧自己跟不上中国

第六章 人工智能的对决

的发展速度，于是特别关注人工智能的重要性以及这场关乎全球科技领导地位的竞赛。2019年2月，特朗普总统发起了一项被他称为"美国人工智能倡议"的活动，旨在指导联邦机构优先考虑投资、研发加速人工智能的应用，但该指令缺少资金支持。美国的这项人工智能国家战略效仿了中国在2017年公布的计划，即到2030年中国计划成为人工智能领域的世界领导者，中国的两座城市将为此投入70亿美元资金。

人工智能发展的未来影响深远，不仅提高了生产力、实现自动化劳作，也推动了智能医疗技术的进步。麦肯锡全球研究所的数据显示，到2030年，人工智能的进步可能带动全球GDP增长16%，达到13万亿美元，影响力相当于19世纪的蒸汽机、20世纪90年代的机器人和21世纪以来的互联网。普华永道中国公司的另一项研究预测，到2030年，人工智能将使中国GDP（国内生产总值）增长26%，达到15.7万亿美元。此外，他们预测中国将在人工智能的发展中获得最大经济收益（GDP增长26%），这项数据将超过北美地区（GDP增长14.5%）。[3] 中国在人工智能竞争中的一个优势是，这里在隐私方面的法律法规不像美国那么严苛，使得大数据的收集更加容易。这些数据集将被用于机器学习的模式识别，成为人工智能技术的重要基础。

人工智能专家兼风险投资家李开复谈到，美国长期以来一直是人工智能研究和硬件开发领域的全球领导者。但他强调，中国正以惊人的速度在这项技术的实际应用领域奋起直追。他指出，中国的优势在于拥有大量训练有素的人工智能人才，他们享有政府的扶持政策，还能够从世界上最庞大的互联网及手机用户群体中收集数据，建立海量数据库，这些都为人工智能的发展提供了动力。李开复在《人工智能超级大国》[4]中说，在人工智能时代，如果说数据是新的石油，那么中国就是新的沙特阿拉伯。

我多次到访过李开复在北京成立的风险投资公司——创新工场，意识到他在押注人工智能的未来。李开复以其在语音识别和人工智能领域的开创性成就而广为人知，他是中国5家人工智能公司的投资人，这些公司的总价值超过10亿美元。其中两家发展较好的是旷视科技和第四范式，它们分别开发了中国人脸识别系统Face++和用于识别保险及银行诈骗的机器学习软件。我于2006年与李开复结识，当时他管理着谷歌中国公司。作为中国科技投资者以及世界领先的人工智能专家，从1999年创办创新工场开始，他的事业便蒸蒸日上，我也目睹了这一切。他在北京的运营伙伴黄蕙雯带我参观了这家风险投资公司的展厅。黄蕙雯在中国互联网时代早期曾致力于创建类似YouTube的视频网站土豆网，那时我便与她相识。该展厅以其顶尖的投资组合公司为特色，其中一个突出的案例是人工智能集成的交互式窗口，北京的一家高端面包连锁店原麦山丘正在使用这一技术经营着无人收银的门店。

人们正在寻求开发和应用更多的人工智能技术，而李开复的公司正处于领先地位。2018年，创新工场募集了5亿美元基金和价值3.75亿美元的人民币基金，从而进一步投资于中国的人工智能新创企业。该公司还经营着一个孵化器，研究人工智能的新一代技术，并且在资助这些创业者的同时，与他们合作开发这些技术。在中国教育部和北京大学的支持下，该公司也专门为发展人工智能开设了一所学校，以培养在机器学习和其他人工智能技术领域顶尖的工程和科技人才。此外，创新工场是中国一项人工智能竞赛的协办方，为其提供了高达45万美元的奖金。

极具变革性的人工智能技术领域已经成为新创企业科技投资的热门领域之一。世界两大人工智能超级大国——中国和美国，都在紧抓机遇、大量投资，尤其是中国的投资势头越发强劲。随着中国逐步转向以人工智能为基础的经济发展模式，其在人工智能领域的风险投资也在不断增加。2017年，中国人工智能新创企业的融资额实现突破，首次超过美国。在其带动下，中国在人工智能领域的投资在49亿美元全球投资总额中占48%，交易量占到10%。而在2016年，中国还只占全球投资总额的11%。[5]美国并未在这场竞争中丧失优势，自2013年以来，美国人工智能新创企业的风险投资每年都有大幅增长，并且，2018年美国466家新创企业的风险投资迅速增长了72%，达到93亿美元，不过交易量相比前一年的533笔略有下降。[6]

商汤科技带动独角兽公司群体发展

全球人工智能独角兽俱乐部正在变得越来越拥挤。2018年，有17家人工智能新创企业从中获得席位，相比2017年的11家数量有所增加。在全世界前32家人工智能独角兽公司中，中国就占了9家。商汤科技以45亿美元的身价成为全球市值最高的独角兽公司,并因吸引到阿里巴巴和腾讯两家公司的投资而获得了特别赞誉。商汤科技与旷视科技的竞争最为激烈,后者的视觉计算与人脸识别系统Face++颇具竞争力。2017年10月,旷视科技获得了6.08亿美元的融资,由阿里巴巴旗下的蚂蚁金服和创新工场领投,公司估值达到10亿美元。

自2014年成立以来,商汤科技一直备受赞誉。它在全球拥有超过500项专利申请,在中国和海外拥有约700家企业客户及合作伙伴,并在智慧城市、金融、零售、教育和房地产等多个垂直行业获得市场领先地位。这家中国人工智能新创企业在2017年开始赢利,其增长速度超乎想象,在2017—2019年同比飙升了400个百分点。

在融资方面,商汤科技也从不懈怠。这家新创企业已从银湖、富达国际和老虎环球基金等几家知名公司获得了16亿美元的风险投资资金。发生在2018年5月的一次融资,商汤科技以超过45亿美元的估值筹集到6.2亿美元的资金。就在此前两个月,商汤科技获得了6亿美元融资,由阿里巴巴这个最大的股东领投,此外参与投资的还有新加坡的淡马锡。2016年,在私募股权投资公司鼎晖投资和早期支持者IDG资本的带领下,商汤科技获得了4.1亿美元的融资。投资界巨头软银愿景基金可能是下一个投资商汤科技的公司。

大学团队成就了商汤科技

商汤科技发迹于香港中文大学的计算机视觉实验室,该实验室由汤晓鸥教授带领一群学生组成,他们开发出了比人眼识别准确率更高的人脸识别算法。商汤科技集团虽然坐落于由香港特区政府资助、环境犹如校园的香港科技园区内，但其已经作为一家成熟的商业公司而脱离了园区自主发展。汤教授的得意门生徐立博士是香港中文大学计算机科学系2010届博士毕业生。经过数年的苦心钻研，徐立被任命为商汤科技的CEO。自2016年起，在时年36岁的掌舵人徐立的带领下，商汤科技开始发布产品。

2017年，商汤科技的员工数量已增至1 000人，其中包括140名博士，他们毕业于中国本土高校以及世界顶尖院校，包括清华大学、斯坦福大学和麻省理工学院。在中国政府的支持下，商汤科技取得了极大的商业成功。其中，中国政府为该公司提供了多个机构的数据库来训练算法，使其能够更好地查询图形、图像和物品，同时速度比人脑更快、结果比人脑更精确。在中国，商汤科技大约1/3的客户来自公安部门，例如中国南方的公安系统使用该系统识别罪犯。此外，商汤科技的客户名单中还包括中国智能手机制造商小米和OPPO、社交网络服务商微博、海南航空以及支付系统中国银联。

商汤科技为本田和高通公司蓄力

在中国以外，商汤科技还在日本设立了一家分公司，与本田合作开发自动驾驶技术，并在东京附近推出了自己的自动驾驶车辆专用测试课程。这家中国新创企业还与美国芯片制造商高通（商汤科技的战略投资者）联手，将专利算法和图像识别能力整合到了下一代移动设备中。商汤科技也加入了由麻省理工学院领导的联盟,在多个领域推进人工智能发展。

人们自然会对这家新创企业取得的成就和中国的进步感到自豪。"世界现在是向东方看齐的",徐立博士在一次中国企业家峰会上谈道,"过去,我们面向西方,是因为我们依赖西方先进的技术和工业模式。现在,我们必须开启一段意义非凡之旅,用先进的技术更好地为其他行业服务。"7

人工智能技术在不同领域中的应用

中国新创企业正在迅速地将人工智能技术应用到其业务中,以获得竞争优势。据我所知,有几家新创企业正在不同领域应用人工智能技术,如教育科技领域的流利说、金融科技领域的我来贷以及医疗诊断领域的零氪科技。

教育科技领域的人工智能:流利说

流利说是上海一家由人工智能驱动的英语教育辅导系统开发公司。在大量有望上市的与人工智能相关的新创企业中,流利说处于领跑地位,该公司于2018年10月在纽交所上市,共融资7 190万美元。这家创新型公司拥有一支专家团队和一批核心投资者,其中包括纪源资本、赫斯特风险投资和心元资本。这家基于人工智能技术的教育科技新创企业成立于2012年,创始人是普林斯顿大学计算机科学博士、前谷歌数据分析和云计算产品经理王翌。流利说正在颠覆在线教育行业,帮助中国人通过智能手机上的交互式定制课程学习英语,其人工智能技术能为语音识别引擎处理数据,从而为用户提供语音、语法和词汇方面的反馈。在中国,流利说将游戏和社交分享功能整合到应用程序中,以为用户提供更有趣、互动性更强的学习体验。在中国网络知识平台日益增长的趋势下,流利说在2018年吸引到1.1亿注册用户,其中包括250万个支付全年课程费用的用户。作为一家上市公司,其第一年的收入猛增了285%,达到9 300万美元。

金融科技领域的人工智能:我来贷

人工智能颠覆传统银行业的一个案例是香港金融科技新创企业我来贷。我来贷提供网络即时小额消费贷款服务,通过依托人工智能和大数据来确定用户信用度。其违约率低于行业平均水平。我来贷科技通过对账单支付记录和社交媒体档案等在线数据进行梳理,能够识别哪些潜在借款人有可能按时还贷,并基于此对借贷人的在线消费贷款服务进行个性化定制。因此,消费者能通过智能手机完成整个贷款过程,不需要建立信用记录。信用记录往往是年轻人开启职业生涯时普遍面临的一个问题。我来贷可以使个人通过互联网在几秒内完成贷款。

一个由210多名工程师和数据科学家组成的技术团队指导我来贷公司重塑传统借贷方式,并通过3个专有的人工智能系统评估信用风险:WeDefend系统能够在1秒钟内分析超过2 500个用户数据点,以侦查欺诈和可疑行为;WeReach系统能够窥探消费者的社交影响力及其社会关系的互动情况;

WeFlex 系统能够监控消费行为的变化情况，这些变化可能预示着托收会出现问题，从而需要改变信用额度或借贷条款。

我来贷平台收取 25% 的利率，这个利率水平是相对较高的，但其拖欠率很低。

凭借中国先进的金融科技和移动支付市场，以及经过改进不再烦琐的贷款流程，我来贷已经吸引了超过 3 200 万用户，并成长为一家价值 1.55 亿美元的营利性商业公司。2018 年，我来贷准备在香港上市，但后来推迟了这一行动。这家网络借贷新创企业于 2019 年获得了香港第四家网上银行牌照，这将促进其业务升级，并可能使其重新考虑上市。在将人工智能应用于贷款方面，该公司领先于与它最相近的美国同行 LendingClub 数年。在中国，我来贷有多个竞争对手，包括中国科技巨头蚂蚁金服的网上银行和腾讯的微众银行，此外还有中国的点对点贷款服务企业，其中包括两家在纽交所上市的公司——阿里巴巴投资的趣点和联想资本投资的拍拍贷集团。在监管部门的打击下，点对点借贷行业在逐渐降温。

我来贷的创意来自其 CEO、董事长兼创始人龙沛智。他毕业于斯坦福大学商学院，在花旗银行和渣打银行拥有 20 年的亚洲银行业从业经历。2013 年 7 月，他推出了中国香港第一个在线借贷平台我来贷，并在一年后将业务拓展到中国内地。

创始人龙沛智利用自己的人脉和专业知识，吸引了一批信誉良好的投资者，使我来贷成功跻身独角兽估值公司之列。2015 年 1 月，我来贷筹集到来自红杉资本、DST 全球创始人尤里·米尔纳和 TOM 集团（商业大亨李嘉诚旗下联合集团长江和记实业有限公司的科技投资部门）的初始投资 2 000 万美元；2016 年又获 1.6 亿美元融资，由马来西亚主权财富基金马来西亚国库公司领投，其中还包括荷兰国际集团的投资。此外，我来贷还获得了来自阿里巴巴创业者基金、国际金融公司、瑞士信贷以及中国建设银行的 2.2 亿美元投资。如果我来贷成功上市，这些企业将获得丰厚收益。

医疗领域的人工智能：零氪科技

人工智能的另一个优秀案例来自快速发展的医学人工智能新创企业零氪科技。这家位于北京的年轻公司专门从事癌症诊断研究。零氪科技具有精准的商业定位，瞄准了中国日益增长的老龄化人口，是"中国制造 2025"行动的指定行业。

零氪科技可以依靠机器学习工具和图像诊断系统，降低误诊以及不准确诊断的概率。在短短 3 年内，这家人工智能医疗新创企业就在中国 30 个省份与 1 000 多家医院签约合作，并且收集到 300 万份中国癌症患者的数据。中国是世界上癌症发病率很高的国家之一，公司每个月会增加 20 万份中国癌症患者的数据。

零氪科技成立于 2014 年，于 2015 年由中国风险投资公司长岭资本首次投资，其他许多投资者也紧随其后。2018 年，这家新创企业的第四轮融资吸引了淡马锡和中国投资有限责任公司这两家主权财富基金，融资额达到 1.51 亿美元。

零氪科技在成立初期就有十分扎实的业绩表现，第一年就实现了 7 000 万美元的盈利。零氪科技通过将人工智能和大数据技术融入生物医药,开发涵盖所有类型癌症的肿瘤学媒体记录技术,实现了看似不可能的发展。"这在(医疗领域)以前是不可能实现的,"长岭资本管理合伙人蒋晓冬说,"我也没料到会有现今的发展。"

第七章

共享经济

> 在中国蓬勃发展的共享经济中，新创共享单车企业 OFO 的发展历程非常坎坷，而叫车行业领头羊滴滴出行则表现出色，成功击败了来自美国的优步。而后，共享雨伞、共享移动电源，甚至共享厨房纷纷涌现。

从北京故宫出发，经过一个小时的车程，就能到达中关村，滴滴出行的现代化总部就坐落在这座大都市的西北部。滴滴出行是中国的叫车服务公司，是全球极具价值的新创企业之一。经过公司前面一座彩色的滴滴出租车雕塑，你就到达了滴滴总部。滴滴的市场定位是中国的共享经济行业，它在中国这个全球最大的叫车市场中处于领先地位，市值达 300 亿美元。这家由腾讯、阿里巴巴甚至苹果共同出资成立的民营新创企业，与优步中国公司开展了长达 3 年的激烈竞争，并取得了最终的胜利，因此可能早已被中国以外的人所熟知。2016 年，优步中国被这个中国竞争对手收购，标志着这场争夺战的结束。

通过收购优步中国及主要本土竞争对手快的，滴滴在中国这个价值 230 亿美元的大型叫车市场中占据了主导地位。有人曾预计，到 2020 年这一市场份额将增长近两倍。[1] 2019 年前后，在中国经济增速放缓的形势下，滴滴裁员 15%，并且面临着来自政府部门更为严格的安全问题审查。2012 年，滴滴出行未能实现盈利，因此广为期待的上市计划也被搁置。

面对新技术转型，以及竞争对手腾讯和阿里巴巴的强势来袭，滴滴需要投入越来越多的资金来维持收支平衡。滴滴已通过 17 轮融资筹集到了 210 亿美元资金。

共享单车的失败：OFO 和摩拜单车

正如之前在其他案例中所看到的那样，在中国竞争激烈的共享经济市场中，企业很难保持连胜势头，这种现象与美国相似，但中国的情况更为严峻。摩拜单车和 OFO 曾作为新创的新型无桩共享单车企业出现在人们的视野中，并在一夜之间席卷全国。城市的街道和人行道上挤满了这些五颜六色的共享单车。在阿里巴巴和腾讯的资助下，这两家新创企业在中国及海外迅速扩张。它们为单车用户提供巨额补贴，在这个竞争激烈的市场中争夺发展机遇，但最终双双败下阵来。数家共享单车新创企业破产倒闭。曾经，一大批五颜六色的共享单车在城市街道和人行道上穿行，但后来它们却变成了锈迹斑斑、沿路丢弃的车架，共享单车的时代发生了翻天覆地的变化。时尚风潮在中国总是来去匆匆。我住在美国旧金山南部，后来大概有一年的时间，我家附近的社区也出现了黄绿色共享单车的租赁服务。然而，这家资金雄厚、提供黄绿色共享单车租赁服务的新创企业 Lime-Bike（后更名为 Lime）突然在一个周末回收了所有的单车，并在之后一直试图让市民改用滑板车出行。对这家年轻的企业来说，这可能是一项更加有利可图的举措，但最终没有取得成功。

中国开创性共享单车企业 OFO 得到了高达 22 亿美元的风险投资，其中阿里巴巴是最大的投资者，此外还有经验丰富的风险投资公司经纬中国、金沙江创业投资基金、真格基金和尤里·米尔纳旗下的 DST 全球。后来，这些风险投资公司则面临着困境，随着 OFO 从海外市场撤资，并开始重启在国内的亏损业务，OFO 逐步朝着电子商务模式发展，并将收取的客户押金转换为优惠条款。相比之下，摩拜单车的情况稍好一些。2018年，摩拜单车以 27 亿美元的价格被饮食服务提供商美团收购。此前，该公司还获得了腾讯和顶尖中国风险投资公司红杉资本、启明创投和高瓴资本的 9 亿美元投资。如今，原先的管理团队已经不在，摩拜单车品牌也消失了。它的新东家已经提高了运营效率、减少了巨额亏损，并将其更名为"美团单车"。

共享厨房：熊猫星厨

另一个源于中国的共享经济概念是共享厨房，这要归功于中国新创企业熊猫星厨。其中"共享"的含义主要是提供外卖餐厅和餐饮服务，而不是在家做饭，这意味着能够降低管理费用，并可以 24 小时满足人们的需求。熊猫星厨正在颠覆传统的餐厅模式，这类似在出行、送餐、招待和办公领域发生的变化。

这家总部位于北京的新创企业由其 CEO 李海鹏创立，曾吸引了美国顶级风险投资机构 DCM 资本、老虎环球基金等公司 5 000 万美元的融资，融资总额达 8 000 万美元。自 2016 年开始运营的 3 年内，熊猫星厨就在中国的主要商业中心拥有120 家分店。这项服务旨在吸引那些使用移动 App 订购餐食的年轻流动人口。优步前 CEO 特拉维斯·卡兰尼克与他位于洛杉矶的新创企业云厨房也在研究一个类似的想法，或许这一创新理念在美国会更加广为人知。

随着移动 App 和移动支付的普及，加上逐渐涌现的一批喜欢尝试新事物的年轻消费群体，共享经济已经在中国兴起。叫车服务的吸引力在于，仅通过轻触手机屏幕，就可以以低于出租车费的价格让司机带你到任何想去的地方，并且在下车时无须支付现金。

滴滴出行毋庸置疑是叫车领域的创新者。2019 年前后，随着优步和来福车在美国上市，叫车领域引起了人们的广泛关注。当你喝醉酒的时候，滴滴可以让司机为你提供私家车代驾服务。滴滴的另一个功能是，在发生危险或紧急情况时，用户可以触摸 SOS（国际莫尔斯电码救难信号）按键进行求助。

如今，在中国拥挤的城市中，有车已不再是一种身份的象征。由于交通拥堵、停车麻烦和经济开销大等原因，买车成了令人头疼的事情。2019 年，中国有超过 3 亿名驾驶员，但在中国的 14 亿人口中只有大约 20% 的人拥有汽车。在中国，汽车租赁并不受人们欢迎，这就创造了一个巨大的市场机遇。大约 2/3 的中国消费者已经尝试过这项叫车服务，而这一比例在美国只有 1/4。[2]

滴滴：东方共享出行

其实，滴滴这个名字在中文普通话中是类似"哔哔"的拟声词。我认为"流动性"也应该成为它名字的一部分。滴滴为

5亿人提供了出租车、公交车和单车服务，为3 100万名司机提供了灵活的就业机会，每天为3 000万次乘车出行提供便利。[3] 滴滴的基本情况见表7–1。

表7–1 滴滴的基本资料

地点	北京
创始人	程维
成立时间	2012年
财务	预计收入10亿美元，截至2019年尚未实现盈利
状态	私人控股
值得关注的事	在中国击败优步中国

走进滴滴公司总部的展厅，可以看到滴滴的技术及业务发展全貌，该公司最早是从提供出租车服务起家的。一位公关主管用流利的英语通过一个细节介绍了公司的快速发展：2012年11月的一个下雪天，滴滴在北京的日出行量超过1 000次，而到2017年，滴滴的每日客运量达到了743亿人次。

谁都不能保证滴滴持续占领中国市场。中国的微信和支付宝等企业正在相互竞争，并开始进入叫车市场。有一半的滴滴出行订单是通过微信和支付宝平台完成的，相比之下，使用滴滴应用程序叫车的用户比例仅为40%。[4] 出租车即将迎来自动驾驶时代，汽车制造商也纷纷加入叫车服务的行列当中。2019年初，滴滴公司就进行了重组，裁员2 000人，占员工总数的15%，同时加大在业务区域扩张、司机培训和安全措施方面的投资。

滴滴面临的最棘手的问题是如何保障乘客安全，这也是整个国际叫车行业的共同难题。2018年，两名女性乘客遇害后，滴滴暂停了由私家车司机承运的拼车服务。此类事件发生后，滴滴应用程序的下载量急剧下降。滴滴在中国推出了几项安全措施来应对这场危机，其中包括通过人脸识别技术来验证司机的身份、为司机和乘客安装紧急按钮，还包括一些较为极端的措施，比如在乘客同意的情况下使用司机的手机进行全程录音，这些录音文件将由滴滴平台进行存储，并在一周之内删除。我们不确定优步是否会在美国尝试使用类似的安全措施。

交通大脑智能系统

滴滴在其他一些领域的发展前景更加光明。该公司正专注于向中国以外的地区扩张，同时加大对人工智能系统和自动驾驶技术的投资。滴滴在硅谷的一个实验室开展研究，并计划在2028年前建成一个拥有1 000万辆电动汽车的交通网络。与优步和来福车一样，滴滴正在中国和美国的4座城市测试自动驾驶汽车，并计划在不久的将来推出无人驾驶出租车。机器人驾驶出租车已在中国和美国成为现实。自动驾驶汽车的高速赛道看起来越来越拥挤。中国自动驾驶汽车新创企业小马智行也测试了一款自动驾驶出租车；谷歌自动驾驶研究部门Waymo则在亚利桑那州测试了一项自动驾驶服务；而优步在2018年匹兹堡和亚利桑那州的初步测试中发生撞车事件后，也重启了服务测试。

我在滴滴总部见到了其市场和应用程序副总裁兼总经理郄小虎。他负责管理司机调度、拼车、供需预测、激励措施、路线规划、导航和地图绘制技术等。像滴滴这样的大公司要处理的事情很多，所以郄小虎的日程总是排得满满的。

第七章 共享经济

我从他那里了解到了滴滴大脑智能系统,这是一个利用大数据分析、机器学习和云计算技术来实现交通系统效率最大化的人工智能系统,就像优步和来福车使用的系统一样。滴滴大脑使用算法来预测各个地区在任何给定时间内的乘客需求和司机供给情况,以提供最短的出行路线、缓解城市交通拥堵情况,并且在每次叫车或拼车的过程中自动匹配司机和乘客。利用大量的实时数据比传统的计算方法能够更精确地算出车辆到达的时间。同时根据客户的服务评分对司机进行考核,得分高的司机收入更高。订单取消是由人工智能驱动的系统进行处理的,这个系统仅需要10毫秒就能确定一次订单取消是该由司机还是乘客负责。另一个被滴滴称为交通大脑的系统能够整合道路和地图数据,并对其进行分析,然后通过设定交通信号灯的闪烁时间、调整潮汐可变车道来控制城市交通情况。滴滴已经在全国20座城市应用了这项智能交通技术,以帮助控制交通流量、缓解交通拥堵情况。

这个交通大脑智能系统还能做什么呢?滴滴已经开发出了全球大数据和智能驾驶技术研发网络,并在美国山景城开设了研究实验室,在北京开设了人工智能实验室。这家中国公司还与斯坦福大学和密歇根大学建立了创新合作伙伴关系,加速推动智能交通技术的开发。

滴滴与优步对比情况

将中国的滴滴和美国的优步进行对比,结果十分有趣,它们比你想象中的更加相似。两家公司截至本书英文版出版前的对比情况见表 7-2。

表 7-2 滴滴和优步的比较

	滴滴	优步
成立时间和总部位置	2012 年，北京	2009 年，旧金山
获得风险投资	210 亿美元	200 亿美元
用户数量	每月 4 000 万用户	每月 4 000 万用户
覆盖范围	400 座城市	400 座城市
国内市场份额	80%	73%
资本来源	腾讯、阿里巴巴、软银、苹果、淡马锡	软银、百度、谷歌风投、私募股权公司 TPG、硅谷风投公司标杆资本
市场估价	2017 年末从软银和阿布扎比国家基金获得 40 亿美元融资，估值 560 亿美元，在全球独角兽公司中排名第三	2018 年初在软银财团的投资中估值 720 亿美元，在全球独角兽公司中排名第二
上市计划	上市计划推迟，公司正在重组	2019 年上市

滴滴收购优步中国

鉴于优步在中国的遭遇，优步和滴滴之间的对比有了全新的内涵。优步创始人特拉维斯·卡兰尼克与滴滴的两位中国高管进行了较量，这两位高管包括：滴滴创始人兼 CEO、支付宝前销售经理程维，以及来自香港，曾在高盛亚洲任职的精明能干的总裁柳青，她本人有着西方的公关风格。

卡兰尼克在 2013 年底将优步引入中国，并花费巨资来补贴乘客、提高司机收入，以求获得市场份额。在大量关于他的评述中，都是关于他奋力赢得中国市场的形象，有人开玩笑说他在中国待了太久，应该申请成为中国公民。

卡兰尼克带领团队花费了3年时间，全力以赴争取赢得中国市场。他从中国投资者那里筹集了超过10亿美元的资金，并在60座城市将团队扩大到800人。他在地图导航方面与百度合作，在支付方面与支付宝合作。为了留住司机和乘客，他发放了大量的乘车补贴。他遵守地方和国家政府法规，以规范叫车业务。但优步中国只是在以烧钱的方式追逐中国叫车市场的领头羊滴滴出行。他们的App在用户友好性上不如滴滴的App，缺少了一些小功能，比如付款方式不够便捷。

卡兰尼克没有料到的是，他的两个最大的中国竞争对手滴滴和快的合并了。在中国这个残酷而快节奏的市场当中，并购可能是一种迅速做大、发展得更好的方式。二者于2015年2月合并，更名为滴滴快的。这家合并后的公司宣称占有中国叫车市场80%的份额，与优步在美国叫车市场的主导地位相当。

但卡兰尼克并不打算放弃。直到2016年，国家和地方政府颁布了关于共享汽车服务的新规定后，他才最终放弃了争取中国市场，接受了让他无法拒绝的收购价格。

优步在华业务亏损约20亿美元，并且后续可能需要再投资数十亿美元。于是，2016年8月，这场竞争中的本土冠军滴滴出行以350亿美元的巨资收购了优步中国。这笔交易并没有让优步及其投资者空手而归，他们获得了这家中国公司约20%的股份，并可能从新东家的业务增长中获益。优步也自此停止了对司机和乘客进行高额补贴。交易达成后，卡兰尼克在写给优步中国团队的一封电子邮件中称,这次努力是伟大而勇敢的,尤其是对于一家规模相对较小的新创企业而言更是如此。他还指出,中国市场是一个未知的领域。在优步投资者、风投公司恩颐投资亚洲投资业务负责人周一华看来,这算是一场胜利。滴滴出行创始人程维取得了优步的董事会席位,而卡兰尼克成了滴滴的董事会观察员。

滴滴的交易涉及两个中国科技巨头:腾讯和阿里巴巴。腾讯资助了滴滴,而阿里巴巴资助了快的。苹果公司也搭上了这趟顺风车。2016年5月,苹果公司在新合并的滴滴业务中注资10亿美元,并获得了董事会席位,这可以看作该公司在中国建立关系的举动。

下一步:国际化

赢得与优步中国的较量后,滴滴专注于进行全球化战略思考与行动,包括提供英文的App界面、接受国际信用卡支付等。滴滴的海外扩张正在蚕食其金库,但考虑到其在中国的发展可能会面临更多的监管压力,全球扩张成了战略重点之一。

2019年前后,滴滴在澳大利亚的两座城市开始试运营,同时在中国台湾北部引入出租车和移动服务,并与软银在日本成立了一家合资企业,在大阪提供叫车服务,同时将业务网络扩展到东京和日本的其他几座城市。滴滴还升级了其在中国香港的出租车服务,开始提供包括国际信用卡、微信支付和支付宝在内的电子支付选项。对于滴滴来说,拉丁美洲的业务也并非遥不可及。这家中国公司通过在墨西哥中部墨西哥州首府托卢卡的试点业务进入墨西哥市场，并在瓜达拉哈拉和蒙特雷等大城市推出了叫车服务。在巴西，滴滴于2017年对优步的竞争对手、新创企业99公司进行了1亿美元的战略投资，随后在2018年以10亿美元的估值收购了这家公司在巴西的业务，直接瞄准了优步在拉丁美洲的地位，以及两座最繁华的城市——里约热内卢和圣保罗。滴滴CEO程维在公布公司巴西业务发展情况时指出了一个显而易见的事实：全球化是"首要战略重点"。[5]

滴滴正在扩展其在东南亚和南亚的业务，分别为新加坡和印度的地方叫车领头羊Grab公司和Ola公司提供了资金支持。这些东南亚和南亚新创企业也由日本科技联合集团软银投资。从战略上看，软银在每个地区都投资了一家叫车服务公司，包括滴滴。

2018年，东南亚叫车领头羊Grab公司在滴滴、软银和阿里巴巴的支持下收购了优步的东南亚业务，然后将其合并，仿佛重演了优步在中国的传奇经历。

不要指望滴滴尝试进入美国市场，在优步的主场与其竞争。优步和来福车已在美国扎根，这两家公司争夺市场领导地位的斗争也愈演愈烈。来福车称自己的市场份额为35%，仅次于占据领导地位的优步。而优步正面临几起令人不安的丑闻。这两家公司现在都是上市公司，因此可能会引发人们对上市共享经济公司的大检阅。二者都还有很长的路要走。

滴滴何时能实现盈利？

与中国许多快速增长的网络公司一样，私人控股的滴滴出行仍在努力实现盈利。与优步的大战结束后，滴滴大规模削减了对司机和乘客的补贴，但仍损失数亿美元，陷入了补贴和折扣的螺旋式烧钱旋涡当中。[6]该公司的目标是在2018年扭亏为盈，并实现接近10亿美元的净收入[7]，但这一目标没有实现，其当年的亏损额达到了16亿美元。上市的目标对滴滴来说显得越来越遥不可及。

顺风车业务需要改变

要想修复不良公众形象并解决严重的安全问题是十分困难的。顺风车服务因费用便宜吸引了很多乘客，但不幸的是，平台中存在一些无良司机。滴滴被指责使用暗示性的广告宣传顺风车服务，将该业务作为司机与女性见面的一种方式，并允许司机就乘客的长相评头论足。滴滴就此进行了公开道歉，同时解雇了两名高管，并承诺将致力于改进安全措施。与此同时，中国政府决定在出台更为严格的安全措施之前暂时停止此类顺风车业务。

滴滴管理层在解决这些问题时无奈地承认，无知、傲慢和过热的市场竞争使得他们迷失了方向。公司高管程维和柳青在一份应对危机的联合声明中表示，滴滴"以安全作为核心的考核指标。在短短几年内，我们靠着激进的业务策略和资本的力量一路狂奔，来证明自己。但是今天，在逝去的生命面前，这一切虚名都失去了意义"[8]。

无论是否在中国，其他面临激烈竞争、市值不菲的科技公司的管理者都应该吸取教训。而如今在中国，类似的发展风险更大，竞争更加激烈。

第八章

电子商务社交化

> 就在你认为电子商务不再新鲜的时候，一款集购物、游戏、社交分享于一体的移动购物 App 拼多多出现了，它在中国欠发达地区非常流行。

当中国电子商务市场已经饱和的时候，黄峥创办了一款社交商务 App 拼多多。这款 App 在 2015 年推出，在之后的短短 3 年内，其收入从 0 增长到 2.78 亿美元，吸引了 3 亿用户和 100 万商家，售出了总价值 210 亿美元的商品，并在 2018 年 7 月的纳斯达克上市中获得了 17 亿美元的超额认购，市场估值接近 240 亿美元。这是来自中国科技力量的重拳出击。

拼多多从两个方面另辟蹊径。这款移动 App 集合了廉价购物、游戏和社交媒体，而这正是中国电子商务发展的重要驱动力。它在中国欠发达地区和收入水平较低的人群中极受欢迎。随着互联网的不断普及，这一新兴市场已经崛起。

2019 年时，拼多多已成为中国第三大购物网站，仅次于淘宝网和京东。在竞争激烈的中国市场上，拼多多对这些存在已久的电子商务巨头发起挑战。

"每个人都认为中国的百度、阿里巴巴和腾讯太强大了，它们的地位无法被撼动，但总有一家公司能做一些不一样的尝试。"光速中国创业投资基金创始合伙人宓群说。他在拼多多成立之初就投资了 1 000 万美元。

拼多多的创始人黄峥是一位创办过 3 家公司，拥有谷歌工作经验的中国企业家。他将自己的新创企业描述为折扣零售商开市客和娱乐地产迪士尼乐园的结合体。然而,"拼多多"字面上的意思为"一起会更多",更像是融合了游戏和社交网络的美国团购网站高朋。高朋的团购折扣主要集中在餐馆、旅游和景点的优惠券方面,而这款中国 App 则是一个移动平台上的巨大跳蚤市场。喜欢淘便宜货的人可以选择一件想买的东西,然后邀请朋友、家人和社交圈里的人点击链接,与他们一起在线购买。团购时,每邀请到一名新买家,商品价格都会有所下降。有一个界面会记录哪些用户通过邀请朋友加入手机购物而赚到了最多的钱。正如科技投资者兼播客主持人马睿所说的那样,朋友们很难拒绝帮助他们省钱的请求。她说:"从心理学角度来看,拼多多真的很有创意。"[1]

> 每个人都认为中国的百度、阿里巴巴和腾讯太强大了,它们的地位无法被撼动,但总有一家公司能做一些不一样的尝试。
>
> ——宓群
> 光速中国创业投资基金创始合伙人

拼多多集合了多种游戏式促销方法,如一小时特价、每日签到现金奖励、减价、奖券和幸运抽奖,以鼓励人们进行冲动购物,并增添其娱乐性和趣味性。拼多多根据从顾客那里收集到的数据,利用人工智能算法预测顾客偏好并向其推荐商品。

"我们能说拼多多胜过高朋吗?"中国社会营销专家托马斯·格拉齐亚尼谈到,他随即补充道,"这款与朋友一起购物的 App 将团购策略与廉价产品和社交媒体结合了起来。"[2]

拼多多上最畅销的是日用品,例如雨伞、洗衣粉、纸巾等。即使在同等品质的情况下，它们在拼多多上的价格依然低于阿里巴巴的淘宝，平均每件商品的售价为 6 美元。这款团购 App 在中国为数众多的小城市低收入人群中最具吸引力，主要用户是时间充裕的年轻人和中年家庭主妇。老牌电子商务公司京东和阿里巴巴对拼多多不予理睬，并质疑它能否长久存在。但拼多多的快速成长已让阿里巴巴的淘宝处于相对劣势。

拼多多的商业模式是以低价推动大宗销售。工厂和商家使用该 App 来处理积压的低价值产品。拼多多把握了良好的时机，通过顺应智能手机在中国的广泛普及，并与流行社交网络 App 微信进行连接，其使用规模得以迅速扩大。这一社交商务 App 的大量用户都来自腾讯旗下的微信，这是人们组建购物团队的平台。拼多多支持一键式微信支付和微信账户自动计费服务。

拼多多的主要收入来自营销服务费用的收取，包括关键词搜索付费和广告投放费用等，其余大部分收入来自向供应商收取的 0.6% 的佣金。

与其他快速增长的中国新创企业一样，社交购物新贵拼多多自成立以来就出现了净亏损，这让目光敏锐的投资者三思而后行。[3] 拼多多的商业模式存在根本缺陷，"依靠中国零售商品市场的残羹冷炙，以低价向中国欠发达地区及低收入人群出售商品，"杀人鲸资本的对冲基金投资人索伦·安达尔表示，"这是在赔钱。"[4]

拼多多也因商家销售劣质商品和假冒伪劣的大众消费品牌商品（从路易威登的包到帮宝适纸尿裤等）的投诉而受到打击。拼多多的商品质量是一个问题，顾客会在厌倦了廉价商品后离开。有报道称，拼多多售卖的电动牙刷不能开机，面膜尺寸太小，还有一些订单从未发货。作为回应，拼多多清除了其 App 列表中数百万个假冒伪劣商家，并承诺将与监管机构合作，对卖家和商品进行审查。

尽管对拼多多不屑一顾，但阿里巴巴一直在认真思考它的影响。阿里巴巴推出了淘宝特价，这是一款针对拼多多这个对手客户群的 App，为对价格更敏感的中国用户提供折扣。

消费者为网购疯狂

中国正在经历一场电子商务革命。中国市场是巨大的，并且仍在快速增长。中国已成为世界上最大的电子商务市场，2018 年，中国电商市场规模达到 1.1 万亿美元，预计到 2022 年这一规模将达到 1.8 万亿美元，是美国市场 7 130 亿美元的两倍多。2019 年前后，中国只有 38% 的人在网上购物，中国市场有着巨大潜力。[5]

这一增长机制激发了科技和电子零售行业的创新和市场竞争。电商巨头阿里巴巴和京东正在努力保住自己的地位，而新来者则抓住了电子商务的一个特殊领域。阿里巴巴首次推出了机器人服务餐厅、自动售货机、免现金支付商店、一个经过认证的二手商品市场以及一个爱宠产品销售渠道。阿里巴巴也在尝试涉足其他领域。本书撰写期间，它对杭州一家购物中心的一个女性卫生间进行了数字化改造。在那里，女性只需点击智能手机，就可以使用化妆品小样，并通过支付宝支付化妆费用。

第八章 电子商务社交化

电子商务巨头京东，是一家从品牌商处采购库存，并运营自家物流链的公司。它也在探索新的科技领域。京东的创新之处在于它运营了一家数字化线下生鲜超市 7Fresh 七鲜。在那里，购物者可以通过人脸识别技术付款，利用即时更新的电子商品标签进行比价，并通过区块链跟踪技术跟踪新鲜食品被运往商店的每一个步骤。京东的创新点还包括无人便利店和增强现实化妆镜，后者可以让网上购物者在虚拟环境中尝试口红和其他化妆品。此外还有一项服务，即穿着考究的快递员戴着白手套，在约好的时间将商品送到顾客汽车后备箱或其他指定地点。

为深入电子商务领域，京东已开始实施一项战略：为商家和其他零售商提供具有智能科技和物流技术的零售服务。这一新举措包括机器人操作的订单运营中心、商品销售的大数据分析和供应链管理。正如我在京东北京仓库目睹的那样，它正在实现开创性的全自动化物流运作。其覆盖范围包括乡镇地区的无人机、北京大学校园内的自动送货车以及在特定路线上的自动驾驶卡车配送。

同样，腾讯也开始涉足中国电子商务领域。腾讯投资了阿里巴巴的主要竞争对手，购买了电子商务巨头京东以及 2018 年上市的两大热门新创企业——美团和拼多多各 20% 的股份。腾讯还获得了消费类电子产品零售商易迅网的控股权。

此外，还有很多其他有力的行动。2017 年末，腾讯和京东联合对中国快销网站唯品会投资了 8.63 亿美元。唯品会是一个折扣服装销售商。腾讯和阿里巴巴都投资了中国热门跨境社交网站小红书。小红书向两亿顾客销售化妆品和时装，并有一批常规客户和关键意见领袖撰写产品使用和购物体验评论笔记，受到了用户的追捧。腾讯和阿里巴巴都充分利用小红书的优势在自己的平台上推出新式购物 App。2016 年，腾讯领投了小红书一轮 1 亿美元的融资，小红书借此迅速在微信上推出了一个微信小商店。两年后，阿里巴巴领投了小红书一轮 3 亿美元的融资，之后阿里巴巴将小红书上的购物评论整合到了淘宝购物市场中。中国搜索行业领头羊百度也没有在这场电商竞赛中置身事外，开始引导消费者在京东商城购买商品。

一些美国顶尖公司也纷纷进军中国网上购物市场。大型零售商沃尔玛投资了京东，并在 2016 年将其持股比例提升至约 11%，成为京东的第二大股东。这家美国连锁店已经正式加入京东，以增加其在中国的订单量。2018 年，谷歌向京东投资了 5.5 亿美元，换取了少量股份，这是双方达成战略合作计划的一部分，此后谷歌开始在其购物服务平台推广京东商城。

中美电子商务巨头不太可能正面交锋，因为它们在不同的领域运作。

亚马逊进军中国市场的努力尝试基本宣告失败。亚马逊在 2004 年通过收购中国最大的在线书店卓越网进入中国市场。2011 年，贝索斯将其改名为亚马逊中国，但是管理层犯下了一系列典型错误：不让本土管理层自己做决定，没有意识到中国消费者对价格的敏感程度，以及未能为中国客户提供移动支付选项。亚马逊实际上已经成为阿里巴巴的客户。几年前，亚马逊在阿里巴巴的天猫平台上开了一家店，这家店因帮助中国客户接触到西方品牌而备受欢迎，同时它要向阿里巴巴支付运营费用。

与此同时，虽然阿里巴巴和京东为国际商户提供了跨境电子商务平台，以帮助它们开拓中国市场，但它们尚未打入亚马逊在美国的据点。几年前，阿里巴巴推出了一个精品购物网站11Main.com，以此发展精品商店，在亚马逊的地盘上大展拳脚。但阿里巴巴低估了物流支持的重要性以及客户对产品选择、质量和安全的担忧。它的线上市场模式是将买家和卖家联系起来，而不是像亚马逊那样直接向消费者销售商品，美国人对此并不熟悉，因此销售并不景气。11Main.com 成立于 2014 年，在其成立的一年后，阿里巴巴向美国社交购物网站 OpenSky 出售了失败的 11Main.com。

阿里巴巴已将其在美国的业务重点转向与美国企业合作，向中国消费者销售产品。2017 年 6 月，阿里巴巴在美国底特律举办了一系列活动，以吸引美国小企业主尝试在其线上销售平台出售商品。这场在美国"汽车城"底特律科博会展中心举行的活动吸引了 3 000 多名与会者，这是阿里巴巴在美国业务发展的一次开门红。到场的大约有 7 000 家美国企业，其中大部分是大型企业，它们通过阿里巴巴向中国销售产品。

阿里巴巴与亚马逊

阿里巴巴有时会被拿来与电子商务巨头亚马逊进行比较，尽管它们的商业模式和经营轨道有所不同，但令人哭笑不得的是，这两家公司的创始人都涉足了报纸行业。2015 年，马云以 2.66 亿美元买下了香港领先的英文报纸《南华早报》，而杰夫·贝索斯在2013年以2.5亿美元收购了《华盛顿邮报》。

　　对比阿里巴巴和亚马逊这两家中美电子商务领域的领头羊，我们可以发现它们是如何沿着同样的道路进入多元化的市场以及各种各样的网络购物和相关服务领域的，尽管两家公司的发展基础、时间线和竞争优势各不相同。亚马逊和阿里巴巴最大的区别在于其潜在的商业模式。亚马逊是一家在线零售商，而阿里巴巴则是一个将客户与卖家直接联系起来的电子商务平台，因此没有自己的库存和仓库。

　　阿里巴巴成立于1999年，比亚马逊晚5年，是一个中国B2B电子商务网站。它最早的美国竞争对手不是亚马逊，而是eBay，2006年，阿里巴巴与旗下的消费拍卖网站淘宝网在一场恶战中将eBay击溃。亚马逊则收购了卓越网作为进入中国市场的通道，并将其更名为亚马逊中国，但它的规模远不及巨大的美国亚马逊。

　　这两家领先的电子商务公司都进入了金融服务、云计算、企业聊天、支付和在线视频等领域，这些举措都为提高电子商务效率做出了贡献。阿里巴巴在医疗保健、金融服务、游戏、企业聊天和实体店领域领先亚马逊数年。与此同时，亚马逊在电子商务云服务和在线视频领域领先阿里巴巴4~5年，并在2007年推出了电子阅读器Kindle，从而在硬件领域占据优势。阿里巴巴已经进军在线旅游行业，而亚马逊还没有采取任何行动。"阿里巴巴新服务的交付速度、范围、品质和亚马逊一样好，甚至比亚马逊还要好。"纪源资本的童士豪说道。2003年，纪源资本投资了阿里巴巴，当时美国硅谷沙山路很少有风投公司会为一家中国公司提供资金。

年轻、富有的连续创业者

但是，与"暴发户"拼多多的故事相比，这些故事已经不再新鲜了。拼多多这款移动购物 App 是其富有远见的创始人黄峥在中国创办的第四家电子新创企业。他曾在美国硅谷的谷歌公司开启自己的职业生涯，而后回国尝试创业。黄峥于 1980 年出生于一个工人家庭，现在是中国新一批最富有的亿万富翁之一，2019 年前后的净资产达 124 亿美元。[6] 黄峥在杭州长大，于浙江大学和威斯康星大学麦迪逊分校获得计算机科学学位，2004 年开始，他在美国硅谷的谷歌公司担任工程师。

2006 年，黄峥被调到中国帮助建立谷歌中国公司。但渐渐地，他开始厌倦因为一些看起来微不足道的变化，例如搜索结果的颜色和字号变化等问题，就要不断飞回美国总部申请审批。2007 年，在凭借谷歌的股份大赚一笔后，他决定独自创业。很快，他创办了在线消费类电子产品和家用电器销售商欧库网，这家公司后来被收购了。2011 年，他创办了在线商品营销服务公司乐凯和在线游戏工作室新佑迪。在因耳部感染而放下工作休假期间，他开始研究腾讯和阿里巴巴的成功经验，之后萌生了创办拼多多的想法。他的风险投资伙伴、谷歌前同事宓群说服了他，使他没有按照自己最初的想法发展，他最初想做的是一款美甲预订服务 App。相反，黄峥巧妙地将腾讯的游戏和社交网络业务与阿里巴巴的电子商务业务结合起来，并加入了一些类似美国高鹏网站风格的功能，比如团购。2015 年，他从高榕资本、IDG资本和光速中国创业投资基金筹集了大约1 800万美元，在他的游戏公司中孵化了早期的拼多多，并产生了另一个在线销售新鲜农产品的想法。很快，拼多多形成了一个成熟的网上市场，出售包括新鲜水果在内的各种打折商品。与早期的电子商务企业不同，拼多多在中国大城市以外庞大而快速增长的消费群体中流行了起来。

拼多多以人工智能和大数据分析技术为发展核心。黄峥的团队成员中，有在百度、谷歌、雅虎和微软公司就职过的高科技和数据挖掘专家，他们都是黄峥在其新创游戏公司的同事。黄峥在用人方面展现出了自己的雄心壮志，他招募了很多明星员工，例如聘用百度的徐湉担任公司财务副总裁、腾讯并购部总经理林海峰为公司董事。

2018年，拼多多以150亿美元的估值从腾讯获得了30亿美元的投资。此前，拼多多曾进行过两次融资。这笔巨额注资帮助其于2018年7月在纳斯达克成功上市。6个月后，拼多多在第二次股票发行中筹集到14亿美元，推动了它的快速发展。2018年，拼多多的年收入增长了5倍，达到19亿美元，有预计到2019年将翻一番，达到41.5亿美元（2019年实际总营收为301.42元人民币）。但快速扩张意味着高昂的成本，2018年拼多多的经营亏损高达15亿美元。[7]

他的董事会成员包括红杉资本中国基金的资深风险投资家沈南鹏和来自高榕资本和前IDG资本的张震。黄峥和他的创始团队持有公司50.1%的股份。拼多多的基本资料，见表8-1。

表 8-1 拼多多的基本资料

创始人	黄峥
成立时间	2015 年
地点	上海
业务领域	移动购物 App
状态	2018 年 7 月在纳斯达克上市融资 17 亿美元，估值 240 亿美元
值得关注的事	开创了社交团购享有折扣的移动购物模式
财务	腾讯持有 18.5% 的股份

资料来源：公司报告。

经营这家充满活力的新创企业，使创始人黄峥感受到了压力，拼多多正在将电子商务推向新的发展方向。2018 年夏天，他没有亲自去纳斯达克为公司上市敲钟，而是派了一位在此前的一次幸运抽奖中中奖的客户代表。黄峥在上海单独举行了上市仪式。他在对投资人的致辞中写道："拼多多生存的基础是为用户创造价值。我希望我们的团队若在不安中醒来，永远不会是因为股价的波动，而只会是因为对消费者真实需求变化的不了解，以及消费者对我们的不满意乃至抛弃。"[8]

第九章

电动汽车的大市场

> 在中国购买一辆电动汽车，购买者将免费获得一个牌照、现金补贴，并可自由使用充电站。中国是全球领先的纯电动汽车市场，而挑战特斯拉的蔚来汽车和阿里巴巴投资的小鹏汽车是其市场领导者。

在与美国争夺未来汽车市场的竞争中，中国正以电动汽车、自动驾驶技术和无缝网络连接颠覆汽车产业。底特律和硅谷，你们要小心啦！

中国电动汽车创新者小鹏汽车，正站在百年汽车业巨变的前沿。这家蓬勃发展的公司于2019年前后在美国山景城建立了研究基地，我在那里采访了小鹏汽车的创始人。这个研究基地离美国计算机历史博物馆不远，位于一座没有任何中国特征的标准低层办公楼里。在一次由其美国自动驾驶技术合作伙伴、超级计算人工智能领军企业英伟达举办的活动上，小鹏汽车首次在美国展示了一款全新的纯电动汽车车型。大约在同一时间，特斯拉和苹果公司指控两名小鹏汽车的工程师窃取它们的专有技术。

小鹏汽车是以创始人何小鹏的名字命名的。何小鹏曾将自己的第一家新创企业卖给阿里巴巴，大赚了一笔，而后他开始大力发展自己的新创汽车科技企业。这家公司位于广州，不断在自动驾驶和机器学习领域物色专家人才。小鹏汽车在郑州开设了自己的工厂，向中国年轻的、精通技术的驾驶者销售单价在 3.5 万美元左右的 G3 运动型多功能汽车。这款 SUV 汽车充满了有趣的互联科技功能，例如配备了车内卡拉 OK 和一个 360 度旋转、可以用于集体自拍的车顶摄像头。在中国，3 个月内多达 1 万名顾客订购了这款运动型汽车。小鹏汽车在 2019 年的上海车展上推出了型号为 E28 的性能更高、自动驾驶功能更先进的电动跑车。2019 年，这款电动跑车有望在中国卖出至少 4 万辆——超过特斯拉在中国的销量。小鹏汽车利用中国社交媒体微信和微博，通过从线上到线下的方式提升知名度，获取客源，并邀请潜在客户到购物中心的快闪商店或 9 座主要城市的直营店参观。其直营店的规模很快在 30 座城市增加到 70 家。

这是中国速度和技术变革相结合的产物。在过去的 20 年里，我看到中国街道上的交通工具从自行车、手推车和公交车发展到大众、别克、奥迪汽车，接下来就是电动汽车。就在过去的几年里，中国在适应以天然气为动力的新能源汽车的发展方面走在了世界前列。中国已经成为世界上最大、增长速度最快的电动汽车市场。百度、阿里巴巴和腾讯都是这一行业的主要参与者，它们为小鹏汽车和蔚来汽车等新创企业提供了资金支持，并利用它们的科技智慧和力量打造有趣、互联、智能的未来汽车。

中国汽车市场电动化

中国新创企业小鹏汽车在美国山景城进行着自动驾驶技术的高端研发。在那里，创始人何小鹏在一名翻译的帮助下告诉我，他长期以来的梦想是创造一个"创新、有影响力、将给世界带来巨大变化"的东西。他曾经考虑过在海边建一个小镇，但他意识到诸如供电和垃圾处理等技术问题会十分棘手。

开发一款具有自动驾驶功能的智能汽车似乎并不比创建一个海边小镇容易多少。这位公司董事长兼CEO简述了他自2014年中期踏上这一旅程以来所取得的成就。在开启智能汽车研发之旅前的几个月，他卖掉了自己的第一家新创企业并开始为新梦想投资。何小鹏出生于湖北省，父母都是技术人员。他与优步进行了合作，41岁的他给我留下的印象是非常冷静，尽管他将面对巨大的挑战，比起之前的互联网新创企业，如今的情况要复杂得多。

如何拥有足够的超级充电站来保持汽车的动力只是困难之一。小鹏汽车计划到2022年在全国布局1 000个超级充电站，并与第三方合作布局10万个充电桩。小鹏汽车还提供家用充电桩的免费安装服务。它最酷的创新是快速电池更换技术系统。运用该技术，司机只需待在车内等待3分钟就可以将电池更换完毕。小鹏汽车不会自己生产电池元件。这些元件由采购得来，但电池组是由内部技术团队设计的。

小鹏汽车的创始人呼吁阿里巴巴和其他强势投资者加入他们的行列。著名的战略投资商有阿里巴巴、电子产品代工制造商富士康和中国叫车服务新创企业神州优车。领先的风险投资和私募股权投资公司有晨兴资本、IDG资本、高瓴资本、春华资本、经纬创投和纪源资本。何小鹏的导师，著名天使投资人、小米创始人雷军也是小鹏汽车的支持者。参与投资的还有其他几位中国互联网人,包括阿里巴巴的马云、腾讯前高管吴晓光和视频社交网络平台YY的创始人李学凌。很明显,小鹏汽车汇聚的中国科技精英规模已经接近硅谷的俱乐部投资者和创业者圈子了。

小鹏汽车已经获得了多达15亿美元的投资,并且正在筹集更多的资金。不久之后,小鹏汽车可能会上市,但目前尚未确定时间。这将是摩根大通亚洲投资银行前主管顾宏地的工作,他已被聘为小鹏汽车的副董事长兼总裁。

中国在新能源车型的生产和销售方面已经进入了高速发展阶段,此前中国基本上错过了在耗油汽车改进上取得重大进展的机会。当中国将世界的发展向前推进时,美国并不是主导者。如今,美国的三大汽车巨头都在中国开办了自己的电动汽车合资企业,"汽车城"底特律的世界汽车制造之都地位被逐步削弱。硅谷能否在汽车技术领域拥有持续的竞争优势似乎也并不确定。中国生产了全世界一半以上的电动汽车电池,但还没有赶上"黄金标准"特斯拉的300英里行驶里程。特斯拉计划在几年内通过在自家的上海工厂生产大量汽车,以避免高额关税,从而加快在中国有限的销售。

美国和中国之间的竞争越来越激烈,这两个国家共占有全球一半的电动汽车生产线。特斯拉和苹果提起诉讼,声称中国电动汽车制造商的工程师窃取了它们的商业机密,而这可能只是冰山一角。

在成为下一代汽车生产冠军之前,中国还有很多困难要克服。中国制造的吉利、比亚迪和长城汽车在全球并不出名,中国汽车还因质量问题而备受打击。50多年前,日本汽车制造商曾因生产了有质量问题的小型汽车而受到嘲笑,但今天路上的丰田、本田和日产汽车已经是另一番模样。现在可能是中国新一代电动汽车大步前进并主导21世纪智能汽车市场的时候了,但仍有许多不确定因素可能会阻碍这一进程。

中国电动汽车产业的发展是"中国制造2025"的一部分,该政策旨在推动中国的重点产业建设。但中国政府将电动汽车的销售补贴削减了一半,试图鞭策制造商更多地依赖创新而非政府援助,并且国家曾计划在2020年彻底取消补贴。这项补贴的减少将削减自2014年以来在中国崛起的约50家电动汽车制造商队伍。此外,中美科技竞赛可能会阻碍中国电动汽车制造商的全球扩张。

科技引领中国未来的汽车领域

两家中国汽车新创企业走在中国新兴的、快速增长的电动汽车市场的前沿:来自中国广州的小鹏汽车和来自上海的蔚来汽车,后者于2018年9月成为第一家在纽交所上市的中国电动汽车制造商。

它们的创始人不是汽车爱好者,而是科技连续创业者,并且是富有的企业家。2014年,小鹏汽车的创始人以40亿美元的现金和期权交易将其之前的新创企业UC浏览器(一家领先的移动网络浏览器公司)出售给阿里巴巴,这是中国互联网有史以来最大的一笔收购。在2010年的IPO中,蔚来汽车的开发者李斌带领早前的新创企业、网络内容提供商比特汽车控股公司在纽交所上市，筹集资金1.27亿美元。蔚来汽车的基本资料，见表9-1。

表9-1 蔚来汽车基本资料

创始人	连续创业者 李斌
地点	上海
财务	2018年营收7.2亿美元，亏损14亿美元
里程碑	在纽交所上市，募集到12亿美元资金
值得关注的事	蔚来电动汽车在中国被称为"特斯拉杀手"

这些中国汽车初创企业正依靠它们的科技智慧、资本人脉、政府支持和全球前景绘制未来的蓝图。这些公司的核心是科技，而不是汽车制造。香港汽车科技咨询公司ZoZo-Go的CEO迈克尔·邓恩指出，自20世纪80年代初以来，中国一直希望拥有自己强大的汽车工业，但直到现在，中国才通过领先的科技公司实现这一目标。

现在，这些以科技为导向的本土新创企业正在为电动和自动驾驶汽车发展提供动力，这让中国引以为豪。由于没有传统的汽油发动机和中国国有汽车制造企业的遗留问题，它们在中国有一条广阔的发展道路。

"中国有潜力利用其资金充裕的智能化科技公司生产世界级汽车，"顾问邓恩在北加州举行的亚洲协会会议上说，"通过依靠科技公司而不是老牌汽车制造商，它们找到了自己的发展优势，可以在拥有规模、制度、科技和数十亿美元资金流的基础上实现飞跃。我认为美国有麻烦了。"[1]

第九章 电动汽车的大市场

目前为止，还没有任何一个中国电动汽车品牌能像日本和韩国汽车制造商那样在西方市场大放异彩并赢得客户信任。在美国，保护主义抬头，对中国科技的不信任感与日俱增，这使中国制造商打入美国市场变得更加困难。

"从电信、娱乐乃至房地产等各个行业来看，中国已经认识到，要进入美国这个由消费者需求驱动的自由市场，是具有挑战性的。"洛杉矶卡诺公司负责政府事务和业务发展的埃里克·米卡说。这家依托区块链技术的电动汽车制造商曾计划于2021年在美国上市，并于随后不久在中国上市。"加上商业文化差异以及人们对于'中国制造'与'美国制造'的认知，我认为中国电动汽车行业进入美国市场和欧元区市场将是一个挑战。"

中国的新能源、抗污染汽车在中国本土有着巨大的发展机遇，至少对于那些能够抵御中国经济增速放缓、市场竞争和电动汽车购买补贴政策取消等不利条件的强者来说是这样。尽管都有各自的目标，中国的两家领先新创企业小鹏汽车和蔚来汽车在向西方市场推出产品之前，都首先关注了中国市场。蔚来汽车利用在纽交所的 IPO 将自己定位为特斯拉的全球竞争对手和挑战者。

小鹏汽车计划在 2020 年扩展到中国香港和新加坡地区，之后可能进军西欧和美国。"我们希望先在区域市场取得好成绩，"何小鹏说，"我们将从中国市场开始，建立我们的品牌和地位，之后打造销售和支持服务，再考虑几年后进军美国市场。过早向全球市场扩张将大幅增加成本。"

2018年，中国电动汽车销量猛增62%，达到130万辆，约占中国汽车购买市场总量的4%，而在美国，这一比例仅为2%。美国汽车制造商在电动汽车技术领域投资数十亿美元，而中国是它们最大的潜在市场。美国市场的规模仅为中国的2/3。美国人喜欢纯电动汽车这一想法，却受制于其实用性。纯电动汽车的行驶里程通常被限制在200英里左右，而且超级充电站很少。电动汽车日产聆风和雪佛兰Bolt通常只能用于在附近街区办事、上下班通勤以及作为备用车辆。

然而，电动汽车的未来就在这里，并且规模越来越大，势头越来越好。有预计称，到2022年全球将销售1 030万辆新型电动汽车，其中中国销量将增长37%，达到360万辆，美国将增长26%，达到近200万辆。[2]

对于中国全新的电动汽车生产商来说，资金是充裕的。在2017—2019年，风险投资家投入了约140亿美元，而中国的科技巨头也加入了进来：阿里巴巴是小鹏汽车的主要投资者，而腾讯和百度则投资了蔚来汽车。

中国未来派汽车

未来的汽车不仅仅是帮助我们从一个地方到另一个地方的交通工具，而且是一个承载生活方式和社会属性的舒适的个人空间，也是汽车制造商新的商业收入和利润来源。这一愿景正在成为现实，到2025年，随着真正的自动驾驶汽

> 我们的长期目标是成为全球智能出行公司。
> ——何小鹏
> 小鹏汽车创始人、董事长兼CEO

车而不仅仅是自动泊车车型的出现，驾驶者将从方向盘操纵中解放出来。小鹏汽车创始人何小鹏说："我们的长期目标是成为全球智能出行公司。未来，这款车将成为进入移动生态系统的入口，这个系统的核心是一个为客户提供多种服务的平台。"

中国的电动汽车新创企业拥有内置的人工智能系统，可以听从语音命令和进行人脸识别，来激活车内音乐、游戏和卡拉 OK 等娱乐系统，还可以个性化设置空调、座椅和收音机。小鹏汽车和蔚来汽车的人工智能界面的名字分别是 Xmart 和 Nomi。智能驾驶功能包括了自动停车，但这还算不上真正的自动驾驶，此外还有实时导航、充电设施地图、限速传感器、紧急制动、变道和可能发生碰撞的警告功能。

谷歌、百度、福特的汽车竞赛

中国即将成为智能互联自动驾驶汽车市场的领导者。谷歌的自动驾驶汽车正在美国 101 号公路上接受测试，其车程已超过 500 万英里。百度已经与福特和沃尔沃合作测试自动驾驶汽车，并加速其在中国的发售。中国在大规模采用自动驾驶技术方面取得了进展，到 2027 年，机器人出租车、城市公交车和无人驾驶私家车将占据中国大部分汽车市场。预计到 2040 年，中国将形成 1.1 万亿美元规模的出行服务市场和 0.9 万亿美元规模的自动驾驶汽车销售市场。[3]

中国领先的电动汽车新创企业正专注于打造一支自动驾驶技术的研究队伍。当我们在美国山景城见面时，小鹏汽车的创始人告诉我，总部位于中国的小鹏汽车正在扩张其在加州的研发团队，其中的工作人员都是从美国硅谷和大学聘请的技术领袖，致力于在专利技术方面取得突破性进展。

除了加州研发"梦之队"外，小鹏汽车在中国还有一个规模庞大的研究团队，致力于人工智能、自动驾驶和互联汽车技术，2019年这个团队将扩大到800人。到2019年底，小鹏汽车在全球拥有大约1 000名研发人员开发这些先进技术，另外还有2 000名人员负责动力传动系统和汽车硬件测试。近2/3的小鹏汽车员工正在从事研发工作，他们分散在5个研究中心。小鹏汽车正逐步增加其他岗位，但其目标是将研发人数保持在总人数的一半。"在美国设立研发中心不仅对了解美国市场很重要，而且对了解欧洲等更广阔的西方市场也很重要。"何小鹏这样和我说。他还举了一些例子，比如中国道路安全的要求和法规与美国大不相同。

在加州，小鹏汽车正在积极寻找顶尖工程师，以建立其自主驾驶和人工智能技术的研发团队。我们的采访是在2019年3月初进行的，几周后特斯拉指控小鹏汽车招聘的一名特斯拉前工程师窃取了其无人驾驶技术的商业机密。小鹏汽车没有在诉讼中遭到指控，并回应称对任何不当行为毫不知情，但其已在公司内部展开调查。这起诉讼清晰地展现了中美之间的科技竞赛和硅谷科技领军者的不安情绪，他们正努力保护自己皇冠上的珠宝，捍卫自己的领地。

知名技术专家正在想方设法进入小鹏汽车。新上任的自动驾驶部门副总裁吴新宙曾领导高通公司的自动驾驶团队；自动驾驶副总裁谷俊丽是前特斯拉自动驾驶系统机器学习路线图的技术负责人；被特斯拉指控窃取文件和代码的小鹏汽车工程师曹光植，曾在特斯拉的自动驾驶团队工作；小鹏汽车的生产质量总监宫下善次则来自丰田，是精益生产和零缺陷领域的领先专家。

硅谷科技公司正努力防止它们宝贵的知识产权被窃取，因为人才会从一家公司流动到另一家公司，这就成了一个令人不安的问题，尤其是当美国和中国处于竞争对手的关系当中时。特斯拉的诉讼要求追回其专有技术、确定小鹏汽车如何使用这些技术以及赔偿因涉嫌盗窃造成的损失。小鹏汽车创始人何小鹏在微信朋友圈中称这起诉讼是有问题的，并指出，他的企业和特斯拉都是创新型企业，公司之间的人才流动很正常。小鹏汽车还发布了一份声明，声明该公司尊重知识产权保护和信息保密，并表示没有发现该工程师有任何不当行为，但已在公司内部展开调查。

在早前与小鹏汽车有关的事件中，还有一名硬件工程师正面临美国司法部的刑事指控，此前苹果也曾控诉他在加入小鹏汽车之前下载了包含专有技术信息的文件。他在前往中国途中的美国圣何塞机场被捕，随后小鹏汽车将其解雇。在另一起涉及一家中国自动驾驶汽车公司的案件中，苹果公司指控一名同样前往中国的工程师窃取了其无人驾驶汽车技术机密。[4]

蔚来汽车与特斯拉的公路赛

在中国刚刚起步的电动汽车市场的另一个角落，高端制造商蔚来汽车强势推出了风格酷似电影《星际迷航》并且起步价仅为 7 万美元左右的电动汽车，该售价在中国远低于特斯拉。蔚来汽车的创始人李斌被称为中国的埃隆·马斯克。该公司的口号是"Bluesky Coming"，代表美好的一天与蔚蓝天空如期而至。

精通科技的中国客户可以将手机与蔚来汽车相连接，通过轻触屏幕进行维修、保养，以及通过更换电池和利用移动充电车进行快速充电。与小鹏汽车一样，李斌也将自己的部分资金投入这家新创企业，该公司得到了中国科技巨头百度和腾讯，以及资深投资商红杉资本、高瓴资本和淡马锡的资金支持。蔚来汽车的卖点之一是为中国主要城市黄金地段的用户提供了一个俱乐部。它的第一款 SUV 是 ES8，销售了接近 1 万辆。第二款 SUV 是 ES6，定价为 5.2 万美元，于 2018 年 12 月发售。

2018 年 9 月，蔚来汽车在纽交所上市，自我定位为全球电动汽车制造商，并计划在美国销售汽车。但蔚来目前还没有在美国销售，也有迹象表明它正在降低自身的发展目标。该公司在 2018 年营收 7.2 亿美元，亏损 14 亿美元。蔚来汽车于 2019 年前后取消了在上海建立工厂的计划，选择继续将生产外包给一家中国国有工厂。

在中国，其他几家汽车制造商陆续出现，它们的目标是打入美国市场。其中一家是位于香港的拜腾汽车，该公司计划很快开始在中国销售汽车，随后于 2020 年底前在美国和欧洲发售。它的电动运动型多功能汽车 M-Byte 与特斯拉的车型相比性能更好。

另一家位于南加州的中国公司卡玛汽车正在为其 Revero

插电式混合动力轿车做改良，该轿车售价 13 万美元，因其炫目的设计和环保的特点而在好莱坞广受欢迎。但该车型使用四缸燃气发动机，只能短距离行驶 50 英里，因此被批评不实用。

中国的 Entranze 电动汽车，由广州汽车集团生产，设计于美国洛杉矶，原计划于 2020 年开始在美国销售。

中国人怀揣着建立自己全球地位的雄心而来。汽车顾问邓恩估计，在美国有多达 175 家中国汽车和汽车科技企业。

然而，曾经前景光明的法拉第未来公司，却遭遇了发展减速的打击。法拉第未来由中国科技和数字媒体创新者乐视公司创立，该公司计划在美国内华达州建立一座工厂，并无缝衔接生产电动汽车，但法拉第遭遇了资金短缺。多亏一家新的中国投资商伸出援手，将该公司的运营转移到了洛杉矶，但法拉第一直在与财务困难和一系列来自供应商的欠款诉讼做斗争。

吉利和长城被甩在了后面？

20 年前，中国就拥有了发展自己电动汽车市场的雄心壮志，这是一个重大的进步，意味着中国开始追求自主生产汽车的目标。当时，中国汽车产业的基石是由政府授权，一般是国有企业和外国汽车制造商各占一半股份的合资企业，以获得汽车制造技术。例如，通用汽车与上海汽车工业（集团）总公司合作，在中国销售别克、雪佛兰和凯迪拉克汽车；福特与长安汽车合作，为中国人生产和销售福睿斯汽车。20 世纪 90 年代，3 家中国民营汽车企业迅速崛起，它们分别是快速发展的吉利汽车（2010 年从福特公司收购了沃尔沃）、由沃伦·巴菲特和比尔·盖茨投资的电动汽车制造商比亚迪和中国最大的SUV和小型载货卡车制造商长城汽车。到2000年,中国汽车年销量达到100万辆。10年后,中国以1 000万辆的销量成为全球最大的汽车市场。但中国仍然没有一个世界领先的汽车品牌,并且空气污染问题日益加剧,也更加依赖中东石油。

中国汽车技术顾问邓恩表示,从2014年中国电动汽车制造商进入中国市场开始,中国政府意识到,要想在汽车行业的一个全新领域取得领导地位,唯一的办法就是补贴。

为了加快电动汽车的扩张速度,中国政府向新购车者发放了补贴,并为获得驾照的人员发放了返还款。政府还承诺,加快建设集中充电站和市内快速充电站。政府还发放了大量高科技产业资金,精准用于电动汽车的研发。正如习近平主席倡导的"中国制造2025"所描述的那样,中国正努力成为电动汽车技术的世界强国,减少排放和空气污染已然被列入中国的政策议程。

中国政府要求国内所有全球汽车制造商提高电动汽车生产量。上海的公交车已全部实现电动化,武汉的一个公园里已经启用了一辆无人驾驶公交车。

中国的科技巨头也加入了这场交通革命。腾讯与长安汽车公司合作开发了"车联网"。百度正在与中国客车制造商金龙汽车合作生产自动驾驶小型公交车。

对于通用、福特、克莱斯勒以及日产、大众和丰田来说,在中国生产新的电动汽车车型是一条向前发展的途径。2018年,在经济不稳定和信贷紧缩的情况下,中国乘用车总销量下降了

4%，这是自 1990 年以来的首次下降。[5] 2018 年，福特和克莱斯勒在华销量大幅下滑，而通用汽车旗下的凯迪拉克销量表现良好。

为了在中国生产电动汽车，福特公司已成立了一家新的合资企业，并计划于 2023 年开始在密歇根州生产自动驾驶汽车。福特在电动汽车车型上共投资了 111 亿美元。通用汽车正在停止生产面向大众市场的雪佛兰沃蓝达插电式汽车，转向生产凯迪拉克以进军高端市场，试图赶上特斯拉并进军未来电动汽车行业。菲亚特汽车公司计划生产一款插电式 SUV。本田成立了一个新的部门专门生产纯电动汽车。本田一直在试验氢燃料电池汽车，并且正在与中国公司合作。丰田的首批纯电动汽车会首先销往中国，然后销往美国和欧洲。

特斯拉进入中国

那么特斯拉呢？我记得当年特斯拉豪华轿车抵达中国市场时，我的"硅谷龙"团队在上海的活动会场外展示了这款新车型。人们聚集在一起，惊叹于它美丽的设计和特点。场馆内，特斯拉的一名高管告诉我们，他们计划将汽车卖给中国的新一代富人。但特斯拉起步缓慢，自 2013 年在中国上市到 2019 年，仅售出了大约 3 万辆汽车，而在美国，特斯拉的销量约达 18 万辆。特斯拉是美国主要的汽车销售商，约占美国电动汽车销量的一半。

特斯拉在中国面临的主要问题是，关税和超级充电站太少导致其汽车价格过高。受中国经济增速放缓、关税波动以及中美贸易摩擦中多次价格变动影响，2018年特斯拉在华销售业绩滑落。富有远见的创始人埃隆·马斯克成了救星。他在2019年前后飞抵上海，在一个仪式上，埃隆·马斯克宣布特斯拉会在上海建立自己的大型工厂。该工厂每年可生产50万辆汽车，规模相当于其在美国加州弗里蒙特的工厂。随着几年后中国本土生产的开始，特斯拉将有可能避免缴纳对其汽车征收的25%的关税，对高端轿车而言这个费用大概在7.8万~15万美元。

随着中国政府停止对中国电动汽车制造商进行补贴，以及特斯拉通过在中国生产避免了高额关税，对美国和中国的竞争对手来说，电动汽车市场将可能成为一个更加公平的竞争领域。

第十章

无人机和机器人的时代

> 中国已经开始大量使用无人机和机器人来完成许多人类不能或不想完成的任务。中国的无人机新创企业大疆创新是该领域的全球领跑者，亿航智能公司则拥有一架载客无人机。同时，在深圳的国际硬件加速器 HAX 中，生产机器人吸尘器和窗户清洗机的新创企业也在快速发展。

无人机曾登上美国的头条新闻。时任亚马逊 CEO 的杰夫·贝索斯表示，亚马逊公司能够在半小时内将包裹送到顾客家门口。那已经是几年前的事了，但是由于联邦法规限制，除了一些试点项目外，包裹运送还不能使用无人机。但在中国，零售商京东和外卖服务商饿了么已经在测试送货无人机，试图降低成本并覆盖乡镇地区。

中国开创性的无人机制造商大疆创新如今正备受关注，但人们得到的并不总是好消息。曾有一名无人机操控者因经验不足使其无人机坠毁在了白宫的草坪上，一时成了热点新闻。此外，另一则新闻引起了更多的关注：美军限制士兵使用中国大疆创新制造的无人机，理由是这家中国无人机制造商正利用无人机在美国收集数据，将这些信息传回中国。大疆创新否认了这些说法，并通过发布软件更新来解决这一问题。这次更新禁止了无人机在华盛顿市中心 15.5 英里半径的范围内飞行，同时在无人机上引入了隐私模式以避免数据传输。然而，美军的禁令仍没有取消。

这不仅是一个安全问题,也是一个经济问题。作为"中国制造2025"战略的一部分,中国希望成为包括机器人和无人机在内的多项技术的世界领先者,以减少对进口的依赖,同时培养精英人才以及改善国家生产体系。作为中国制造业和军事部门的一次转型升级,中国在机器人和无人机产业方面进展迅速,已经超过日本成为世界上最大的工业机器人市场,并且会超越全球商用机器人使用量的1/3。中国国有企业集团、大疆创新等新兴公司,以及风险投资公司正在海外获取和投资机器人技术。美中经济安全审查委员会撰写的一份研究报告总结道:这种增长和雄心可能威胁到美国的许多科技优势。该报告建议美国政府推广先进的制造业和机器人技术,监控中国的进展,审查双边投资与合作,并考虑对学术和研究交流进行更严格的审查。[1]

曾有预计表明,全球范围内,到2022年,2019年前后1 157亿美元的机器人和无人机市场规模将翻一番,达到2 103亿美元。[2] 在全球1 034亿美元的机器人市场中,中国会是最大的市场,约占消费总额的1/3,其次是美国和日本。就123亿美元的无人机市场而言,美国会是最大的市场,约占40%,其次是西欧和中国。要记住的重点是,在未来几年内中国的机器人和无人机市场将成为世界上增长速度最快的市场,它们将以24.6%和63.5%的速度连续增长。

过去几年,人们对机器人和无人机的实用性越来越有信心,大量风险投资涌入这两个领域。这两项改变游戏规则的发明开始在基本家务、产业化工作、应急响应和救灾、乡镇地区医疗服务、天气预报、垃圾回收、建设规划、地产航拍和老年护理等方面取代人类。

中国在机器人和无人机领域的新创企业正纷纷涌现。深圳的中国制造优必选机器人在 2019 年前后获得了由腾讯领投的 8 亿美元资金。该公司的人工智能机器人外观与人相似,非常智能。它可以引导客人通过走廊,在凹凸不平的地面上行走和响应语音命令,并教孩子们编码和制造机器人。优必选很快就成为一家价值 50 亿美元的独角兽公司。

另一家值得关注的企业是地平线机器人,这是一家为机器人和自动驾驶汽车开发人工智能芯片的公司。2019 年,该公司除了获得英特尔资本及一名中国知名风险投资家的投资之外,还获得了韩国 SK 集团领投的 6 亿美元投资。

HAX 在深圳加速发展

就在我去深圳的大疆创新参观和采访的同一天,我设法挤出时间参观了 HAX 国际硬件加速器。这是一家美资公司,也是面向消费者、企业和工业市场的硬件和机器人新创企业的创投商。

HAX 已经资助并推动了 20 多家机器人新创企业的发展。其中一颗冉冉升起的新星是童心制物。它是一家制造 DIY(自己动手制作)机器人套件和研发用于机器人工程的人脸识别技术的公司。该公司已从红杉资本中国基金和其他主要投资公司吸引了 7 700 万美元的资金,并可能很快上市。其他受 HAX

公司资助的企业则是为枯燥的工业劳动而设计的：大象机器人为小型企业的流水线制造了一个灵活的机械臂，Rational Robotics 机器人能够进行自动喷漆，Avidbots 机器人能打扫商用场地，Plecobot 机器人能清洗摩天大楼的窗户，Youibot 机器人能检查车辆的安全性。

在深圳 HAX 的一个路演日，我观察到几位创始人正在练习他们的投资推介发言。HAX 用 25 万美元的种子资金换取了 15% 的股权，他们还在准备筹集更多的资金，以获得从采购、供应链到原型、设计、工程和制造等项目的创业空间和专业知识。HAX 就在 Hardware Alley 硬件展的隔壁。Hardware Alley 是一个最终的供应链，许多中国电子元件制造商都在其小型展位上设有代表。HAX 的实验室、工作坊和指导机构是由富有远见的企业家和投资人肖恩·奥沙利文于 2012 年成立的。他居住在美国新泽西州的普林斯顿，是纳斯达克上市公司 MapInfo 的创办者，该公司开创了谷歌使用的地图软件。肖恩·奥沙利文把钱投到为科技新创企业提供支持的工作上，每年 HAX 从深圳和旧金山为大约 50 家硬件公司提供服务。HAX 位于 SOSV 风险投资基金的保护伞之下，此外还有由创业宣传者兼投资人宾威廉运营的上海创业加速器中国加速等，这些加速器只为移动领域的新创企业提供帮助。截至 2019 年，HAX 最成功的投资是共享电动单车新创企业 Jump Bikes 和蓝牙耳机制造商 Revols，前者被优步以两亿美元的价格收购，后者被出售给罗技科技。

第十章 无人机和机器人的时代

工作中的机器人

如今，许多机器人正在帮助人们完成各种各样的杂活，如法国制造的能够迎接零售店顾客的仿人机器人 Pepper，以及美国制造的自动真空吸尘器 Roomba。其他机器人则在仓库里负责搬运箱子。此外还有索尼公司生产的触摸感应机器狗 Aibo。

这些相当温顺的机器人很少被美国联邦机构认定为存在安全威胁，但由于许多机器人都是在中国发明、受中国资助或是在中国加速发展的，它们确实代表了一种对美国在主要科技领域领导地位的经济方面的挑战。

中国无人机制造商勇攀高峰

后来，我找到了无人机制造商大疆创新公司的所在地，那里距离腾讯新总部不远，从 HAX 坐出租车大约 20 分钟车程。大疆创新发展迅猛，占据了全球无人机市场 2/3 的份额。大疆创新现在仍是民营公司，已经迅速成长为在全球拥有 1.1 万名员工的无人机大师级企业。没有一家西方无人机公司能与大疆创新的地位相抗衡。它是少有的能够在全球市场上取得领先地位的中国公司，大疆创新凭借其精心优化的创新方法、技术优势、发展速度和效率超越了中国和西方的其他公司。

在中国南部城市深圳偌大的威新软件科技园内，我对大疆创新进行了一次难忘的访问，并观看了其重型和轻型无人机在周围企业大楼上空的飞行展示。这些无人机像巨型大黄蜂一样旋转着飞过，但实际上它们是勤劳的空中机器人，可以通过机载摄像头对公用设施、建筑工地、飞机和火车进行监控和检查。此外，在满足人们的业余爱好和兴趣方面，无人机也因为能够捕捉到婚礼的完美画面或用来在后院里玩耍而广受欢迎。

大疆创新的企业部门经理大卫·贝诺维茨带我参观了该公司造型优美的展厅，并详细介绍了其为工业和消费市场制造的无人机机型，包括其著名的 Phantom 娱乐无人机，零售价约1 000美元。

令人惊讶的是，我和大卫都是在美国俄亥俄州中部长大的，我们所在的高中运动队是劲敌。他自称是一个科幻迷，2017年前后来到深圳的大疆创新实习，对家乡和乔治城大学没有太多的眷恋。此前，他在乔治城大学获得了经济学学位。他已经学会了中文，并且十分适应公司的青年文化——大疆创新员工的平均年龄是27岁。

很快，大疆创新将迁往一个新的总部，这反映了其创始人汪滔的雄心壮志。汪滔是一位不愿在媒体前过多展现自己产品的天才，他受到史蒂夫·乔布斯名言的启发：先设计产品，然后看市场反应如何。大疆创新在深圳的新家是一座由 Foster & Partners 公司设计的未来派双子大厦。Foster & Partners 公司也是苹果公司位于美国库比蒂诺的轨道状总部大楼的设计者。大疆创新的这座豪华大楼的特色在于悬臂式的地面、一座用于测试无人机的天桥，甚至还有一个用于机器人战斗的环形场所。

无人机领域的苹果公司

大疆创新将自己定位为无人机领域的苹果公司。有传言称

第十章 无人机和机器人的时代

苹果公司将收购大疆创新,因为其正在考虑进入无人机市场。在营销天才的推动下,大疆创新在苹果全球零售店获得了专门用于销售高端消费级无人机的黄金地段。它的无人机在亚马逊、eBay、阿里巴巴在线零售服务全球的速卖通、大疆创新官网和零售商店均有销售。

大疆创新从苹果公司得到的另一个启示是,进入实体零售业,开设豪华商店。大疆创新拥有四家自己的零售店,包括一家位于香港的三层旗舰店,拥有和苹果公司一样的白色风格的装潢。在这里,客户可以看到大疆创新的专业级和消费级无人机系列产品、观看飞控师操控无人机、在工作坊获得技术帮助、观看飞行爱好者拍摄的照片和视频。

除了大疆创新之外,无人机领域还没有出现其他的大型公司,只有一家中国公司曾因生产了一架载人无人机而轰动一时,它就是亿航智能。亿航在 2016 年消费类电子产品展览会上因第一架载人无人机(一种专为个人点对点交通而设计的自动飞行器)而轰动一时。亿航已在美国申请破产,关闭了其美国办事处,并重新专注于中国市场和研发。该公司正寻求将无人直升机商业化。2014 年,亿航的联合创始人熊逸放在美国众筹公司 Indiegogo 的众筹活动中筹集到了 60 万美元,为其最初的创新产品——一款由手机 App 控制的"幽灵无人机"获得了资金支持。随后的一年,纪源资本对其投资了 1 000 万美元。有传闻称,亿航可能将寻求上市,融资额有望达到 5 亿美元。

创始人是航模爱好者

你对飞行的热爱,将有助于你在这项事业中得到蓬勃发展。大疆创新的创始人汪滔来自杭州,父母是教师和小企业主。汪滔从小的梦想就是飞行。他童年的大部分时间都在建造和操控航模,并思考如何制造一架不会坠毁的玩具飞机。2003年,汪滔作为一名工科学生进入香港科技大学学习。在此期间,他于2005年获得了2 300美元的科研补助金,以研发无人驾驶飞机。2006年,在导师李泽湘教授的帮助下,他在宿舍里设计了一个微型无人直升机飞行控制系统,这就是大疆创新的萌芽。

大疆创新最初只是一个业余爱好和学生项目,后来发展成了一家成熟的企业。大疆创新的"精灵"无人机于2013年初推出,是第一款能够实现在一小时内从盒子里取出、组装好和进行飞行的微型直升机,并且不会在第一次坠毁时就解体。很快,娱乐用无人机成为新时尚,汪滔的财富开始一路飙升。

2017年,37岁的汪滔闯入了《福布斯》"科技富豪榜"榜单,成为亚洲最年轻的科技亿万富翁,身价约32亿美元。汪滔在公开场合十分低调,他戴着一副圆眼镜、下巴留着一簇胡子,总是戴着一顶高尔夫球帽。这样的他成了世界上第一位无人机领域的亿万富翁。这些财富来自汪滔持有的约45%的大疆创新股份以及公司的盈利收入。

与其他中国科技公司相比,大疆创新筹集的资金相对较少,但其估值要高得多,这对新创企业的健康发展来说是一件好事。大疆创新位列独角兽公司前20名,2019年前后融资了 1.05 亿美元，公司估值达 100 亿美元。³ 大疆创新最初的资金来源是家族一位朋友的天使投资，从那以后大疆创新开始发展。2015 年 1 月，大疆创新得到了红杉资本中国基金约 3 000 万美元的投资，估值达 16 亿美元，之后在 2015 年 5 月得到了硅谷风投公司 Accel Partners 7 500 万美元的投资，估值达 80 亿美元。Accel Partners 公司也投资过脸书和多宝箱（Dropbox）。大疆创新的下一个目标是获得 10 亿美元融资，使公司估值达到 150 亿美元，再接下来的目标有可能是 IPO。

总部设在深圳的理由

大疆创新落户深圳是有原因的。这个曾经的渔村一跃而起成为苹果手机和耐克运动鞋的世界工厂，并在设计和开发诸如无人机和其他互联网设备等高科技产品方面取得了长足进步。大疆创新与其设计公司和组件供应商的距离很近，因此它可以快速进行原型设计，以找出哪些概念在实践中是可行的，摒弃那些不起作用的想法，并完善那些可行的想法。大疆创新可以在一天内设计和测试其无人机，并很快将它们运送出去，中间几乎不会浪费时间。这使得大疆创新在资金成本、制造成本和分销成本方面具有竞争优势。

大疆创新没有辜负它的名字——"大疆"取自中国谚语"大志无疆"——开发了一系列创新型无人机。在大众市场上，大疆创新陆续推出了 2013 年售价为 679 美元的"精灵"无人机，2016 年售价为 799 美元的第一款可折叠的"御"无人机，以及 2017 年售价为 499 美元的第一款可以通过手势简单操控的"晓"迷你无人机。随着每一款产品快速取得成功,大疆创新巩固了自己的行业领先地位,这都要归功于其由 1 500 人组成的强大研发团队。

大疆创新因其国际化发展在众多中国科技新创企业中脱颖而出。这家无人机制造商在荷兰、澳大利亚、日本、韩国、德国和美国均设有办事处。该公司约 85% 的收入来自国际市场,但中国是一个很好的大本营。中国拥有创新文化和乐于尝试新理念的氛围,再加上中国地域辽阔、急需改善物流状况,以及来自政府的支持,这些都为无人机技术创造了一个土壤肥沃的市场。IDC 全球机器人研究总监张景兵指出,无人机市场的全球增长可能会受到中美贸易摩擦的影响,但他指出,从 2020 年起无人机市场的增长会有所回升。[4]

中国无人机制造商大疆创新一直引发着人们对无人机的兴趣。在消费类电子产品展览会上,人群聚集在无人机展位的周围,家长将娱乐类无人机作为礼物送给自己的孩子。

聪明的大疆创新瞄准了极具潜力的商用无人机市场,该市场约占无人机全球总销量的 60%。商用无人机主要用于作物喷洒、电力线路检查和地图绘制等方面。大疆创新在美国的企业客户包括美国航空公司、联合太平洋铁路公司、货运铁路网 BNSF 以及西海岸飞行软件制造商 AutoModality。

在短暂的发展历程中,大疆创新逐一击败了闯入市场的竞争者。大疆创新的其中一个竞争对手是美国硅谷的运动相机制造商 GoPro。GoPro 在 2016 年底推出了无人机 Karma,但 Karma 吸引力不足,并于 2018 年初退出了市场。GoPro 进入市场的时候已经太晚,不仅如此,大疆创新的无人机更轻、更小、更便宜、飞行时间更长，这是 GoPro 所无法达到的。大疆创新还击败了另一个主要竞争对手——加州伯克利的无人机公司 3D Robotics。该公司的联合创始人是《连线》杂志前编辑克里斯·安德森和前大疆创新北美区负责人科林·奎恩。后者曾与创始人汪滔之间产生过关于谁在"精灵"无人机的成功当中功劳最大的争执。汪滔在 2013 年收购了奎恩在大疆创新的股权，同年将所有业务转移到中国，当年营收达到 1.3 亿美元，于 2014 年实现盈利。2016 年，竞争对手 3D Robotics 退出了无人机生产，转向软件领域。与此同时，法国无人机制造商派诺特的销量大幅下滑，股价下跌，其多数股东已开始收购该公司。

大疆创新正在抵御更多的无人机制造商带来的威胁。其中包括总部位于加利福尼亚州的 Impossible Aerospace 公司。该公司由经验丰富的特斯拉和美国太空探索技术公司的资深人士创建。特斯拉方面于 2018 年末推出隐身模式，并从硅谷两家投资公司柏尚投资和 Eclipse Ventures 筹集了 1 100 万美元资金。Impossible Aerospace 公司的目标是用一种可以连续飞行两小时的电动无人机型颠覆当前的无人机市场，该产品已出售给美国的警察部门、消防员和搜救队。

中国创新能否在无人机领域击败美国冠军企业特斯拉？事实表明到目前为止，西方并不是中国无人机制造商大疆创新及其在高空飞行领域的对手。

后　记　中国创新企业的未来

中国在全球科技经济中的巨大飞跃对美国及其未来领导地位意味着什么？

超级大国美国和中国正在争夺高新技术的全球主导权。

这是一个关键的时刻，没有哪个国家能够永远掌权。

在跌宕起伏的历史长河中，经济主导地位往往会从一个国家转移到另一个国家。我想，我们现在正处在中美之间展开经济实力较量的关头。

改变游戏规则的技术迅速在中国出现，并且正在走向全球。未来将由新的经济突破所推动。其中主要的是高新科技，它正在改变我们的世界。

中国拥有领先的优势，因为它拥有庞大的在线市场和精通科技、渴望尝试新设备的年青一代。并且，中国没有老旧个人计算机或拨号上网的遗留问题。中国一直以来都在使用移动通信，而5G超高速网络连接技术也已出现。

中国的科技创业者已经足够拼命了，他们有疯狂的工作安排、满腔的热情、无限的雄心壮志以及无止境的奋斗激情。

在他们的映衬下，硅谷的创业者看起来昏昏欲睡。

中国的科技行业之所以能改变世界，得益于政府的支持。是政府推动其关键科技行业成为世界第一。中国也从硅谷的风险投资中获益，为中国企业的新点子筹集到资金，并将其发展成为世界一流的科技领军者,在纳斯达克和纽交所上市。与此同时,许多美国互联网公司仍在中国受阻,或无法战胜中国的主要竞争对手。你可能不喜欢中国在补贴科技企业、收购美国尖端新创企业、学习硅谷成功秘诀等方面的做法,但你不能否认,中国的科技行业取得了如此快速而长足的进步。正因如此,美国正在对中国采取防御措施,这两个超级大国领军者之间的贸易摩擦和技术竞赛正在加剧紧张的局势。

在这两个世界强国之间的跨境投资和信息交流当中,风险投资和科技创业已然存在。随着中国在改变游戏规则的技术中不断崛起,在领导力和专有技术方面的摩擦可能会打破跨太平洋的合作与融资、流动与协同,这些因素促进了人工智能、自动驾驶、电动汽车、机器人和通信等领域的进步。虽然中国仍然缺乏一些基础技术,但它的"中国制造2025"政策显示了一种不可磨灭的决心,即通过制定广泛的政策举措,在深层技术领域取得进展。尤其是考虑到中国人的聪明才智和创业本能,以及他们精通数码产品的"千禧一代"接受新科技的速度,中国完全可以实现在科技领域的自给自足。

诚然,与西方社会相比,中国仍有很大差距和许多社会弊病,但中国正在迅速进步。在 10 年前,我也无法想象中国会变得如此先进,科技巨头百度、阿里巴巴和腾讯能够在经济的各个领域实现如此巨大的增长。现在,一批由连续创业者带领的中国先进科技公司正在崛起,它们各自掌握着撒手锏。我们可以大胆猜想下一个 10 年将会发生什么。

权力和金钱正在中华文化中扎根,重新树立起中国人的自信心。这是一个关键时刻,美国政策制定者和硅谷的科技领军者都清楚地意识到,当前的形势正在发生变化。中国作为科技超级大国的迅速崛起正在挑战美国作为世界科技领导者的地位,并可能导致全球经济主导地位的转移。

致　谢

自从我的第一本书《硅谷龙：中国如何打赢高技术竞赛》在 2008 年出版以来，社会已经发生了翻天覆地的变化。当时，中国科技崛起的故事还没有被大众所接受。我也只是一名独自跟踪这个故事的新闻记者。

但现在，正是推出这本《中国创新力量》的最佳时机。这个话题已经成为人们谈论的主流。中美科技竞赛几乎每天都占据着头条新闻，是一个饱受争议的问题。

10 年前，我从来没有想过，硅谷龙的主题会变得如此夺人眼球，并且硅谷龙的生态发展会如此之快，甚至对硅谷构成了挑战。我也从来没有想过自己能够领导一个由新闻事件和意见领袖组成的硅谷龙媒体平台。如果没有硅谷龙社区对我创业活动的支持，本书可能无法问世。

感谢阿歇特出版集团的尼古拉斯-布莱雷出版社，让本书能够在全球范围内出版发行，也感谢我的图书编辑艾莉森·汉基自始至终对本书的信任和坚持。感谢我的经纪人和前图书编辑莉亚·斯皮罗为这一颇具争议且紧扣时事的主题提供了富有见地的指导。感谢阿歇特出版集团的制作、编辑和销售团队，是他们让本书的出版发行工作步入正轨，最终能够与读者见面。我还要感谢美国福布斯网站以及消费者新闻与商业频道的编辑，是他们多年来为我开设专栏、让我发表文章，还要感谢普利策新闻奖的国际业务项目，让我在多年前能够第一次访问中国香港。

我要感谢所有硅谷龙的支持者。自2010年在硅谷、纽约和北京起家后，他们将这个平台扩展到了多个创新中心。他们中有风险投资家、企业家、交易商、专业服务公司、企业领袖、创始人和投资集团，我在他们的陪伴下得以完成本书的写作工作。

阅读本书，你可能会认出其中一些支持者和赞助者。我想对那些付出了时间、金钱和汗水，为我们的项目发声、加入我们的队伍，以及多次接受我采访的人大声说出感谢。我想列举一些值得特别感谢的风险投资公司：启明创投、纪源资本、红杉资本中国基金、DCM资本、光速中国创业投资基金、RRE风险投资、恩颐投资、真格基金、红点创投、长岭资本、创世伙伴、华创资本等。

还有很多支持者无法一一列举，但在硅谷龙官方网站上可以看到它们的名字，在此一并表示感谢。

做这样的报告、写作、编排和制作工作需要我经常出差，并能快速适应时区的大幅变化。但我真的不是像有些人想的那样靠行李箱或飞机生活。如果没有我的丈夫约翰以及我的家人和密友的支持，没有我在旧金山湾区的宁静一隅，那么我将永远无法完成本书的写作。在很久以前我已摆脱了时差反应，这对我来说是一件好事。在研究中国的创业之路上，我不再像10年前那样孤独，有人陪伴真好！希望你们喜欢这本书！

丽贝卡·范宁

2019年

注　释

前　言

1. Rebecca A. Fannin, *Silicon Dragon* (New York: McGraw-Hill, 2008) ; Rebecca A. Fannin, *Startup Asia* (New York: John Wiley & Sons, 2011) .
2. Max J. Zenglein and Anna Holzmann, "Evolving Made in China 2025," presented at Asia Society conference, Stanford University, January 15, 2019; asiasociety.org/sites/default/files/2019-01/MERICS%20Evolving%20Made%20 in%20China%202025%20Preview.pdf.
3. Boston Consulting Group, "Decoding the Chinese Internet"; bcg.com/d/press/28september2017-decoding-chinese-internet-172187.
4. Mobile Apps Struggle To Retain Most Users In China, eMarketer, December 21, 2015 https://www.emarketer.com/Article/Mobile-Apps-Struggle-Retain-Most-Users-China/1013366.
5. Max J. Zenglein and Anna Holzmann, "Evolving Made in China 2025," presented at Asia Society, Stanford University, January 15, 2019; asiasociety.org/sites/default /files/2019-01/MERICS%20Evolving%20Made%20in%20 China%202025%20Preview.pdf.
6. US-China Economic and Security Review Commission, "The 13th Five-Year Plan," February 14, 2017; uscc.gov/Research/13th-five-year-plan. 2018 Report to Congress of the US-China Economic and Security Review Commission, November 14, 2018; uscc.gov/Annual_Reports/2018-annual-report.
7. US-China Economic and Security Review Commission, "The 13th Five-Year Plan," February 14, 2017; uscc.gov/Research/13th-five-year-plan.
8. People's Republic of China, "13th Five-Year Plan on National Economic and Social Development, March 17, 2016. Translation; gov.cn/xinwen/2016-03/17/content_5054992.htm.
9. China's New $15 Billion Tech Fund Emulates SoftBank's Vision Fund, *The Economist*, July 5, 2018; economist.com/business/2018/07/05/chinas-new-15bn-tech-fund-emulates-softbanks-vision-fund.
10. Defense Innovation Unit Experimental (DiuX) , China's Technology Transfer Strategy, January 2018; admin.govexec.com/media/diux_chinatechnology transferstudy_jan_2018_ (1) .pdf.
11. "Global Venture Capital Trends, Analysis of 2010-2018 Data, London-Based Alternative Assets," Preqin. Accessed January 10, 2019.
12. Jason D. Rowley, Q4 2018 Closes Out a Record Year for the Global VC Market,

Crunchbase, January 7, 2019; news.crunchbase.com/news/q4-2018-closes-out-a-record-year-for-the-global-vc-market/.
13. The Global Unicorn Club, *CB Insights*, customized research; cbinsights .com/research-unicorn-companies.
14. S&P Global Market Intelligence, customized research; spglobal.com/market intelligence/en/client-segments/investment-banking-private-equity.
15. IPO Stats, Renaissance Capital, customized research; renaissancecapital.com/IPO-Center/Stats. 2018年共有190家公司在美国上市，共融资470亿美元，其中，中国公司在美国的IPO占了16%。2017年有16家中国公司上市，募集资金33亿美元。
16. Data from S&P Global Market Intelligence, customized research; spglobal.com/marketintelligence/en/client-segments/investment-banking-private-equity. 2018年，中国投资人参与了586笔在美国的交易，共投资514亿美元。
17. American Association for the Advancement of Science（AAAS）, Historical Trends in Federal R&D, April 2018; aaas.org/programs/r-d-budget-and-policy/historical-trends-federal-rd; PRC National Bureau of Statistics, Chinese Government R&D spending; stats.gov.cn/tjsj/tjgb/rdpcgb/qgkjjftrtjgb/.
18. National Science Board, Science & Engineering Indicators 2018. 国家科学委员会曾预测，如果中国目前的年增长率继续保持在18%，达到4 090亿美元，美国保持在4%，到2019年，中国将超过美国；nsf.gov/nsb/sei/one-pagers/China-2018.pdf;nsf.gov/statistics/2018/nsb20181/report/sections/overview/r-d-expenditures-and-r-d-intensity.
19. Main Science and Technology Indicators, Organisation for Economic Co-operation and Development（OECD）. 与世界领先、表现平稳的美国相比，中国在研发方面的国内总开支已上升到全球第二位；oecd.org/sti/inno/DataBrief_MSTI_2017.pdf; Randy Showstack, "China Catching Up to US in R&D," National Science Board report. EOS, January 24, 2018; eos.org/articles/china-catching-up-to-united-states-in-research-and-development.
20. The world's top 20 companies by R&D Investment in 2018. The 2018 EU Industrial R&D Investment Scoreboard. December 17, 2018; ec.europa.eu/ info/news/2018-industrial-rd-scoreboard-eu-companies-increase-research-investment-amidst-global-technological-race-2018-dec-17_en.https://ec.europa.eu/info/news/2018-industrial-rd-scoreboard-eu-companies-increase-research-investment-amidst-global-technological-race-2018-dec-17_en.
21. Innovators File Record Number of International Patent Applications, with Asia Leading. World Intellectual Property Organization（WIPO）, March 19, 2019. https://www.wipo.int/pressroom/en/articles/2019/article_0004.html.
22. "China Drives International Patent Applications to Record Heights," WIPO, March 21, 2018; wipo.int/pressroom/en/articles/2018/article_0002.html. Innovators File Record Number of International Patent Applications, with Asia Now Leading. WIPO, March 19, 2019. https://www.wipo.int/pressroom/en/ articles/2019/article_0004.html.
23. "World Intellectual Property Indicators," WIPO, December 3, 2018; wipo.int/

pressroom/en/articles/2018/article_0012.html.
24. World Economic Forum, "The Human Capital Report 2016"; weforum.org/docs/HCR2016_Main_Report.pdf.
25. National Science Board, Science & Engineering Indicators 2018, "The Rise of China in Science and Engineering"; nsf.gov/statistics/2018/nsb20181/report.
26. Ibid.
27. Internet World Stats, March 31, 2019; https://www.internetworldstats.com/top20.htm Top 50 Countries/Markets by Smartphone Users and Penetration, 2018 figures from Global Mobile Market Report, Newzoo, Accessed April 18, 2019; https://newzoo.com/insights/rankings/top-50-countries-by-smartphone-penetration-and-users/.
28. Internet World Stats, March 31, 2019; https://www.internetworldstats.com/ top20.htm.
29. Robert Castellano, "US Restricts Exports of Some Chip Production Equipment to China," *Seeking Alpha*, November 6, 2018; seekingalpha.com/article/ 4218617-u-s-restricts-exports-chip-production-equipment-china-impact-memory-equipment-suppliers.
30. Merit Janow and Rebecca A. Fannin, "China: Trade, Tech and Tolerance," Techonomy NYC Conference, May 14, 2018; techonomy.com/conf/nyc18/media-marketing-trade/china-trade-tech-tolerance/.
31. Deloitte, "5G: The Chance to Lead for a Decade," 2018; deloitte.com/content/ dam/Deloitte/us/Documents/technology-media-telecommunications/us-tmt-5g-deployment-imperative.pdf.
32. Nic Fildes and Louise Lucas, "Huawei Spat Comes as China Races Ahead in 5G," *Financial Times*, December 12, 2018; can be accessed through subscription at: ft.com/content/0531458a-fd6c-11e8-ac00-57a2a826423e.
33. Mike Cherney and Dan Strumpf, "Taking Cue from the US, Australia Bans Huawei from 5G Network," *Wall Street Journal*, August 23, 2018; can be accessed through subscription at: wsj.com/articles/australia-bans-chinas-huawei-from-5g-network-rollout-1534992631.
34. "2017 Venture Capital Deals," Preqin, January 4, 2018. 滴滴得到了中国交通银行和招商银行的支持; docs.preqin.com/press/VC-Deals-2017.pdf.
35. Data from S&P Global Market Intelligence, customized research, accessed January 14, 2019; spglobal.com/marketintelligence/en/client-segments/investment-banking-private-equity.
36. Lorand Laskai, "Why Does Everyone Hate Made in China 2025?" Council on Foreign Relations, March 28, 2018; cfr.org/blog/why-does-everyone-hate-made-china-2025.

第一章

1. Fang Ruan, et al., "Year 2035, 400 Million Job Opportunities in the Digital Age," Boston Consulting Group, March 2017; mage-src.bcg.com/Images/BCG_Year-2035_400-Million-Job-Opportunities-Digital%20Age_ENG_Mar2017_tcm52-153963.pdf.
2. "The Billionaires 2019," *Forbes*, March 5, 2019; https://www.forbes.com/ billionaires/#

5db48eb7251c3.
3. Market Cap Ranking 2018, Capital IQ, customized research, accessed January 16, 2019; spglobal.com/marketintelligence/en/client-segments/investment-banking-private-equity.
4. "Digital ChinaPowering the Economy to Global Competitiveness," McKinsey Global Institute, December 2017; mckinsey.com/featured-insights/china/digital-china-powering-the-economy-to-global-competitiveness.
5. Arjun Kharpal, "Alipay's Parent Company Says Tech Services—Not Payments—Will Be Its Main Business in the Future," CNBC, December 4, 2018; cnbc.com/2018/11/14/alipay-parent-ant-financial-says-services-to-surpass-payments-business.html.
6. Harrison Jacobs, "One Photo Shows China Is Already in a Cashless Future," *Business Insider*, May 29, 2018; businessinsider.com/alipay-wechat-pay-china-mobile-payments-street-vendors-musicians-2018-5.
7. Global OEM Pay Users, Juniper Research, June 2018; juniperresearch.com/press/press-releases/apple-pay-accounts-for-l-in-2-oem-pay-users.
8. Shan Li and Maria Armental, "China's Baidu Credits Artificial Intelligence for Robust Ad Sales," *Wall Street Journal*, August 1, 2018; can be accessed through subscription at: wsj.com/articles/baidu-reports-strong-quarterly-results-1533085721.
9. Elizabeth Weise, "Amazon Rakes in Estimated $3.5 Billion for Prime Day," *USA Today*, July 17, 2018; usatoday.com/story/tech/talkingtech/2018/07/17/amazon-estimated-sell-2-4-billion-since-start-prime-day/792466002/.
10. Gabriel Wildau and Yizhen Jia, *Financial Times*, January 28, 2019; can be accessed through subscription at: ft.com/content/35bbbef6-20a8-11e9-b126-46fc3ad87c65.
11. Ibid.
12. "Where Alibaba and Tencent Got Their Names," WBUR, March 25, 2014; wbur.org/onpoint/2014/03/25/where-alibaba-and-tencent-got-their-names.
13. Dean Takahashi, "The Dean Beat: Tencent Leads China's Domination of the Global Games Business," *Venture Beat*, April 20, 2018; venturebeat.com/2018/04/20/the-deanbeat-tencent-leads-chinas-domination-of-the-global-games-business/.
14. Tencent Music Entertainment prospectus, October 2018; sec.gov/Archives/edgar/data/1744676/000119312518290581/d624633df1.htm.
15. "WeChat 'Mini-Program' Initiative Hits 1 Million Apps," *EJI Insight*, November 8, 2018; ejinsight.com/20181108-wechat-mini-program-initiative-hits-one-million-apps/.
16. Rebecca A. Fannin, "China Releases a BAT," *Techonomy*, May 23, 2018; techonomy.com/2018/05/china-releases-tech-dragon-bat/.
17. Ann Lee, *Will China's Economy Collapse*?（New York: John Wiley & Sons, 2017）.

第二章

1. Mike Moritz, "China Is Winning the Global Tech Race," *Financial Times*, June 17, 2018; can be accessed through subscription at: ft.com/content/3530f178-6e50-11e8-8863-a9bb262c5f53. "2015—2017 年，美国五大科技集团（尤其是苹果和微软）在

股票回购和分红上投入了2 280亿美元。同期相比，中国前五大科技公司仅投入了107亿美元，并将多余资金进行投资，以扩大其影响力。"
2. Data from S&P Global Market Intelligence, customized research, accessed January 14, 2019; spglobal.com/marketintelligence/en/client-segments/investment-banking-private-equity.
3. Ibid.
4. Ibid.
5. Thilo Hanemann, "Arrested Development: China FDI in the US in 1H 2018," Rhodium Group, June 19, 2018; rhg.com/research/arrested-development-chinese-fdi-in-the-us-in-1h-2018/.
6. Thilo Hanemann, Cassie Gao, Adam Lysenko, "Net Negative: Chinese Investment in the US in 2018," Rhodium Group, January 13, 2019; rhg.com/research/Chinese-investment-in-the-us-2018-recap/.
7. Thilo Hanemann, Daniel Rosen, Cassie Gao, "Two-Way Street, 2018 Update, US-China Direct Investment Trends," Rhodium Group, National Committee on US China Relations; rhg.com/research/two-way-street-2018-update-us-china-direct- investment-trends/.
8. Rebecca A. Fannin, "China to US Tech Investment Plunges 79%, *Forbes*, January 21, 2019; forbes.com/sites/rebeccafannin/2019/01/21/china-to-us-tech-investment-plunges-79-to-lowest-level-in-7-years-amid-dc-crackdown/#79b9ce371964.
9. CFIUS, "China Deals That Can Still Be Done," Pillsbury Winthrop Shaw Pittman, October 26, 2018; jdsupra.com/legalnews/cfius-china-deals-that-can-still-be-done-16618/.
10. Hans Tung and Zara Zhang, "Why Chinese Entrepreneurs are Targeting Emerging Markets Across the World," 996（podcast）, episode 28; 996.ggvc.com/2019/01/16/episode-28-chuhai-why-chinese-entrepreneurs-are-targeting-emerging-markets-across-the-world/.
11. China Outbound Tech Investment, customized data, 2011-2017, Standard & Poor's research division Capital IQ, S&P Global Market Intelligence, customized data, Accessed January 13, 2019. 亚洲的比例在增长，而美国在2018年的份额从2016年高峰的近一半（43%）缩减至大约8%; spglobal.com/marketintelligence/en/client-segments/investment-banking-private-equity.
12. Rebecca A. Fannin, *Startup Asia*（New York: John Wiley & Sons, 2011）.
13. Tim Merel, "Digi-Capital: $5.7 Billion Games Investment in 2018 Double Previous Record," *Yahoo! Finance*, February 4, 2019. 腾讯向斗鱼投资6.3亿美元，向盛大游戏投资4.74亿美元，向虎牙直播投资4.62亿美元；finance.yahoo.com/news/digi-capital-5-7-billion-144100171.html.
14. Sherisse Pham, "Tencent Pumps Billions into 300 Companies. Here's What It's Buying," CNN Business, October 4, 2018; cnn.com/2018/10/04/tech/tencent-investment-strategy-explained/index.html.
15. Celia Chen and Iris Deng, "Has Tencent Lost Is Creative Mojo?" *South China Morning*

Post, May 7, 2018; scmp.com/tech/tech-leaders-and-founders/article/2144973/has-tencent-lost-its-creative-mojo-essay-sparks.
16. Matthew Brennan, Tencent's Investment Strategies Revealed, China Channel, August 25, 2018; chinachannel.co/tencents-investment-strategies-revealed/.

第三章

1. Jon Russell, "Xiaomi's Mi8 May Be Its Most Brazen iPhone Copycat Yet," *TechCrunch*, May 31, 2018; techcrunch.com/2018/05/31/xiaomis-mi-8-may-be-its-most-brazen-iphone-copycat-yet/.
2. Paul Carsten, "For China's Xiaomi, It's What's Inside That Counts," Reuters, August 16, 2013; reuters.com/article/us-xiaomi-china/for-chinas-xiaomi-its-whats-on-the-inside-that-counts-idUSBRE97F04420130816.
3. IDC statistics, Industry Overview, first quarter 2018, Xiaomi Global Offering, June 25, 2018; hkexnews.hk/listedco/listconews/sehk/2018/0625/ltn20180625033.pdf.
4. Ronald Keung, "China E-Commerce: The Next Leg of Growth," Goldman Sachs, July 13, 2017; goldmansachs.com/insights/pages/ronald-keung-china-next-leg-of-growth.html.
5. "Billionaires: Lei Jun: #11," *Forbes*, February 12, 2019; forbes.com/profile/lei-jun/#6de73f006e64.
6. IDC, "China Smartphone Units Drop by 6% YoY," August 2018; www.idc.com/getdoc.jsp?containerId=prCHE44199418.
7. Ben Thompson, "Xiaomi's Ambition," *Stratechery*, January 7, 2015; stratechery.com/2015/xiaomis-ambition/.
8. Xiaomi Lei Jun, "Let Us Witness a Great Milestone Together," *KrAsia*, July 8, 2018; kr-asia.com/xiaomi-lei-jun-let-us-witness-a-great-milestone-together; "In IPO letter, Xiaomi CEO Explains Innovation at Honest Prices," *Bloomberg News*, May 3, 2018; bloomberg.com/news/articles/2018-05-03/in-ipo-letter-xiaomi-ceo-explains-innovation-at-honest-prices.
9. ByteDance overview, home page, bytedance.com/#about0.
10. Qian Chen, "The Biggest Trend in Chinese Social Media Is Dying," CNBC, September 18, 2018; cnbc.com/2018/09/19/short-video-apps-like-douyin-tiktok-are-dominating-chinese-screens.html.
11. "Apple Reveals the Most Popular iPhone Apps of 2018," *Mashable*, December. 4, 2018; mashable.com/article/apple-most-popular-iphone-apps-2018/# Dal8P.VlBGqn.
12. Alex Fang, "China's Richest 2018," *Forbes*, October 24, 2018; forbes.com/sites/alexfang/2018/10/24/15-under-40-meet-the-youngest-members-of-chinas-400-richest/#529ff5277369.
13. Qian Chen, "The Biggest Trend in Chinese Social Media Is Dying, and Another Is Already Taking Its Place," CNBC, September 19, 2018; cnbc. com/2018/09/19/short-video-apps-like-douyin-tiktok-are-dominating-chinese-screens. html.

注　释

14. Paul Armstrong and Yue Wang, "The Billion-Dollar Race to Become the Netflix of China," *Forbes*, May 7, 2018; forbes.com/sites/ywang/2018/03/07/the-billion-dollar-race-to-become-the-netflix-of-china/.
15. Qian Chen, "The Biggest Trend in Chinese Social Media Is Dying," CNBC, September 18, 2018; cnbc.com/2018/09/19/short-video-apps-like-douyin-tiktok-are-dominating-chinese-screens.html.
16. Michael K. Spencer, "Who Is Yiming Zhang? The Founder of ByteDance Is Virtually Unknown Outside of China," Medium, August 23, 2018; medium.com/futuresin/who-is-yiming-zhang-595a52c8ffb1.
17. Connie Chan, "When AI Is the Product: The Rise of AI Based Consumer Apps," Andreessen Horowitz, December 3, 2018; a16z.com/2018/12/03/when-ai-is-the-product-the-rise-of-ai-based-consumer-apps/.
18. Anu Hariharan, "The Hidden Forces Behind Toutiao," YCombinator, October 12, 2017; blog.ycombinator.com/the-hidden-forces-behind-toutiao-chinas-content-king/.
19. Meituan Dianping Global Offering, prospectus, September 7, 2018; http://www3.hkexnews.hk/listedco/listconews/sehk/2018/0907/ltn20180907011.pdf. Accessed December 1, 2018.
20. Louise Lucas, "Chinese Food Delivery App Meituan Posts Widening Losses," *Financial Times*, November 22, 2018; can be accessed through subscription at: ft.com/content/90e2a8ac-ee3b-11e8-89c8-d36339d835c0.
21. Introduction of Meituan Dianping Group, PowerPoint, October 2018. Meituan Dianping Results for the Year Ended 2018, March 11, 2019. http://meituan.todayir.com/attachment/2019031118150200003422038_en.pdf. Accessed Dec- ember 1, 2018.
22. "McKinsey Insights China: Meet the 2020 Chinese Consumers, March 2012," mckinsey.com/featured-insights/asia-pacific/meet-the-chinese-consumer-of-2020.
23. Lily Varon, et al., "eCommerce in China: Trends and Outlook for the Largest eCommerce Market in the World," Forrester, August 10, 2018; forrester.com/report/eCommerce+In+China+Trends+And+Outlook+For+The+Largest+eCommerce+Market+In+The+World/-/E-RES143994#.
24. Meituan IPO prospectus, iResearch Global, September 7, 2018; hkexnews.hk/listedco/listconews/sehk/2018/0907/ltn20180907011.pdf.
25. Eleanor Creagh, "Equities: A Closer Look at Meituan Dianping," Saxo Capital Markets, September 8, 2018; home.saxo/insights/content-hub/articles/2018/09/07/a-closer-look-at-meituan-dianping.
26. iResearch Global, "Report of China's Food Delivery Apps in First Half 2018," August 15, 2018; iresearchchina.com/content/details8_46801.html.
27. "China Rich List 2018: Wang Xing, #37," *Forbes*, February 18, 2019; forbes.com/profile/wang-xing/#79963f291686.
28. Lucinda Shen, "Meituan Shares Are Down 27% in 2018. Here's Why Sequoia Has Not Sold a Single Share," *Fortune*, November 29, 2018; fortune.com/2018/11/29/india-sequoia-capital-meituan-dianping/.

第四章

1. "Starbucks and Alibaba Announce Partnership to Transform the Coffee Experience in China," August 2, 2018; stories.starbucks.com/press/2018/starbucks-and-alibaba-announce-partnership-to-transform-coffee-experience/.
2. Benjamin Romano, "Starbucks Trying to Value the Dignity of Work, Schultz Tells Shareholders," *Seattle Times*, March 21, 2018; seattletimes.com/business/ starbucks/ starbucks-trying-to-value-the-dignity-of-work-schultz-tells-shareholders/.
3. "Why Bill Ackman and Coca-Cola Are Betting Big on Coffee in China," *Bloomberg News,* October 12, 2018; bloomberg.com/news/articles/2018-10-10/why-bill-ackman-and-coca-cola-are-betting-big-on-coffee-in-china. China Coffee Market, October 2018. Mintel. Accessed December 1, 2018; store.mintel.com/china-coffee-market-report. Matthew Berry, "China Hot Drinks Industry," *Euromonitor*, January 17, 2018; blog.euromonitor.com/china-hot-drinks-industry/. "Coffee in China, Country Report," *Euromonitor*, March 13, 2019; euromonitor.com/coffee-in-china/report.
4. International Coffee Organization and the U.S. Department of Agriculture, 在过去的10年里，咖啡消费量以每年16%的速度增长，而全世界的平均增长率为2%; ico.org/trade_statistics.asp?section=Statistics.
5. Pei Li and Adam Jourdan, "Coffee Startup Luckin Plans to Overtake Starbucks in China," Reuters, January 3, 2019; reuters.com/article/us-china-coffee-luckin/coffee-startup-luckin-plans-to-overtake-starbucks-in-china-this-year-idUSKCN1OX0BY.
6. Mike Isaac, "Facebook Said to Create Censorship Tool to Get into China," *New York Times*, November 22, 2016; nytimes.com/2016/11/22/technology/facebook- censorship-tool-china.html.
7. Jeff Weiner, "LinkedIn in China: Connecting the World's Professionals," Linkedin, February 24, 2014; linkedin.com/pulse/20140224235450-22330283-linkedin-in-china-connecting-the-world-s-professionals/.
8. Dominic Penaloza, "A New Tool for Living a Life Well Lived," *Medium*, February 11, 2016; medium.com/@domthecalm/a-new-tool-for-living-a-life-well-lived-the-40-percent-rule-3b8f7ec47826. Dominic Penaloza, "What Happened to Ushi.com ..." *Quora*, October 6, 2016; quora.com/What-happened-to-Ushi.com- Ushi-cn-Does-it-still-exist.
9. "China's Co-working King Ucommune Leverages Smart Tech to Compete with WeWork," Silicon Dragon on YouTube, November 18, 2018; youtube.com/watch?v=yJj1DHZQOOo.
10. Chenyu Zheng, Six Jaw-Dropping Airbnb Homes to Experience China, Medium, September 17, 2016; medium.com/@chenyuz/6-jaw-dropping-airbnb-homes-to-experience-the-authentic-and-historic-china-ad4f7e87aa0e.
11. Xinhua, "How Tourism Is Becoming a New Driving Force in China s Growth," *China Daily*, March 5, 2018. 中国的入境和出境旅客人数为1.23亿，2017年增长近16%，市场规模达7 200亿美元; http://www.chinadaily.com.cn/a/201803/05/WS5a9d08eda3106e7dcc13faad.

html.

12. Deanna Ting, "Airbnb China Names New President," *Skift*, July 10, 2018; skift.com/2018/07/10/airbnb-china-names-new-president/.
13. Hans Tang and Zara Zheng, "Nathan Blecharczyk on Lessons from Airbnb's China, 996 (podcast), episode 10, April 11, 2018; 996.ggvc.com/2018/04/11/episode-10-nathan-blecharczyk-on-lessons-from-airbnbs-china-expansion/.

第五章

1. Silicon Dragon 2018, China VC panel, November 15, 2018; silicondragonventures.com/videos/silicon-dragon-vc-awards-2018-china-vc-panel/.
2. "China Rich List 2019: Neil Shen, #1," *Forbes*; forbes.com/profile/neil-shen/#9d4a61d21ff0.
3. Alex Konrad, "The Best Dealmakers in High-Tech Venture Capital in 2019," *Forbes*, April 2, 2019; www.forbes.com/midas/.
4. Dan Frommer, "What Happened to TechCrunch's Sequoia China Bribery Allegations?" *Business Insider*, May 18, 2009; businessinsider.com/did-sequoia-threaten-to-sue-techcrunch-2009-5.
5. Yuliya Chernova, "Sequoia Capital Goes on Fund-Raising Spree," *Wall Street Journal*, March 5, 2018; wsj.com/articles/sequoia-capital-goes-on-fundraising-spree-1520253046.
6. Venture capital data, customized research for venture capital investments in China, United States, global markets, and venture funding figures, Preqin. Accessed January 10, 2019.
7. Pramugdha Mamgain, "China Pips US in Attracting Highest VC Funding at $56 billion in H1: Study," *Dealstreet Asia*, December 5, 2018; dealstreetasia.com/stories/china-pips-us-venture-capital-112507/. 2018年上半年，中国风险投资金额为560亿美元，超过美国的420亿美元。
8. 中国和美国风险投资基金内部收益率基准测试，由一家全球私人股本和风险投资基金组合的基金投资者为"硅谷龙"秘密进行。一项对中美风险基金业绩的分析显示，7只著名的中国风险基金的平均回报率为21.4%，高于141只美国基金19.3%的平均回报率，但还没有达到美国前25只风险基金34%的回报水平。
9. China VC funds outperform United States and Europe, *eFront*, February 20, 2019; efront.com/research-papers/looking-at-chinese-venture-capital-fund-distributions/. 对全球风险投资基金的详细分析显示，中国基金的回报率为1.79倍，略高于美国和欧洲基金。
10. "From Alibaba to Zynga: 40 of the Best VC Bets of All Time," *CB Insights*, January 4, 2019; cbinsights.com/research/best-venture-capital-investments/.
11. Jason D. Rowley, "Q4 2018 Closes Out a Record Year for the Global VC Market," *Crunchbase*, January 7, 2019; crunchbase.com/news/q4-2018-closes-out-a-record-year-for-the-global-vc-market/.
12. "The Global Unicorn Club," *CB Insights*, customized research; cbinsights.com/research-unicorn-companies.
13. "China Asserts Itself in the 2018 US IPO market," Renaissance Capital, October 4,

14. Research prepared for *Tech Titans of China* by Dealogic, January 11, 2019.
15. "2018 IPO Market Annual Review," Renaissance Capital, December 17, 2018; zy226-894a70.pages.infusionsoft.net/. Plus, Renaissance Capital statistics prepared for *Tech Titans of China*, January 11, 2019.
16. The Dominance of RMB-denominated Funds in China-Focused Private Equity Fund Raising, Preqin, December 2017; preqin.com/insights/blogs/the-dominance-of-rmb-denominated-funds-in-china-focused-private-equity-fundraising/20703. 2017年，人民币基金从2009年的53亿美元增至84亿美元。
17. "China's Venture Capital and Private Equity Market Statistics & Analysis," China Venture Institute, accessed February 18, 2019. 在2018年募集的280只中国风险投资基金中，18只美元基金的平均规模为3.86亿美元，人民币基金规模为6 600万美元。
18. "China tops the world in incubators," *XinhuaNet*, September 2017; xinhuanet.com//english/2017-09/19/c_136620977.htm.
19. Thilo Hanemann, Cassie Gao, and Adam Lysenko, "Net Negative: Chinese Investment in the US in 2018," Rhodium Group, January 13, 2019; rhg.com/ research/chinese-investment-in-the-us-2018-recap/.
20. China and US venture capital deals, customized research for Silicon Dragon by Preqin, a London-based alternative assets source. Accessed January 16, 2019.
21. "Defense Innovation Unit Experimental (DiuX), China's Technology Transfer Strategy," *CB Insights*, January 2018; admin.govexec.com/media/diux_chinatechnologytransferstudy_jan_2018_(1).pdf. 在截至2017年10月的7年期间，中国投资者共完成1 201笔风险投资交易，约310亿美元被投资于美国科技公司。此外，中国投资占美国新兴科技集团3 720亿美元资金中的8%，在2015年达到了16%（115亿美元）的峰值。
22. Thilo Hanemann, Cassie Gao, and Adam Lysenko, "Net Negative: Chinese Investment in the US in 2018," Rhodium Group, January 13, 2019; rhg.com/ research/chinese-investment-in-the-us-2018-recap/.
23. "Venture Capital Funding Report, 2018: PwC and CB Insights' Q4 2018 Money- Tree; cbinsights.com/research/report/venture-capital-q4-2018/.
24. "The Midas List, Top Tech Investors 2018: Jenny Lee, #19," *Forbes*, April 2018; forbes.com/profile/jenny-lee/?list=midas#731d992f18ac.

第六章

1. Zak Doffman, "Chinese Media Claims NYPD Is Using Beijing-Controlled Facial Recognition—Is It True?" *Forbes*, January 13, 2019; forbes.com/ sites/zakdoffman/2019/01/13/chinese-media-claims-nypd-is-using-beijing-controlled-facial-recognition-is-it-true/#129e6ca592a6.

2. "Rise of China's Big Tech in AI: What Baidu, Alibaba, and Tencent Are Working On," *CB Insights*, April 26, 2018; cbinsights.com/research/china-baidu-alibaba-tencent-artificial-intelligence-dominance/.
3. "Sizing the Prize: PwC's Global Artificial Intelligence Study: Exploiting the AI Revolution," PwC; pwc.com/gx/en/issues/data-and-analytics/publications/artificial-intelligence-study. html.
4. Kai Fu Lee, *AI Superpowers* (New York: Houghton Mifflin Harcourt Publishing Co., 2018); aisuperpowers.com/.
5. PwC/CB Insights, "MoneyTree Report, Q4 2018"; pwc.com/us/en/moneytree-report/moneytree-report-q4-2018.pdf.
6. "China Is Starting to Edge Out the US in AI Investment," *CB Insights*, February 12, 2019; cbinsights.com/research/china-artificial-intelligence-investment-startups-tech/.
7. Leisheng Wang, "The Treasure Voyage of Chinese Artificial Intelligence," *China Entrepreneur*, November 12, 2017.

第七章

1. "China's Mobility Industry Picks Up Speed," Bain & Co., May 2018; bain.com/insights/chinas-mobility-industry-picks-up-speed/.
2. Ibid.
3. Didi overview for Rebecca A. Fannin, based on Didi headquarters visit in Beijing, November 2, 2018.
4. "China's Mobility Industry Picks Up Speed," Bain & Co., May 2018; bain.com/insights/chinas-mobility-industry-picks-up-speed/.
5. Jake Spring, Tatiana Bautzer, and Gram Slattery, "China's Didi Chuxing Buys Control of Brazil's 99 Ride-Hailing App," Reuters, January 3, 2018; reuters.com/article/us-99-m-a-didi/chinas-didi-chuxing-buys-control-of-brazils-99-ride-hailing-app-idUSKBN1ES0SJ.
6. Lulu Yilun Chen, "Beleaguered Didi," *Bloomberg*, September 7, 2018; bloomberg.com/news/articles/2018-09-07/beleaguered-didi-is-said-to-lose-585-million-in-just-six-months. 滴滴2017年亏损3亿～4亿美元，2018年上半年亏损5.84亿美元。滴滴在2018年上半年发放了约17亿美元的补贴和折扣。
7. "Didi Loses $584 million in First Half 2018," *KrAsia*, September 5, 2018; kr-asia.com/exclusive-didi-loses-584m-in-first-half-2018.
8. "Didi Blames 'Ignorance and Pride' for Carpool Murder," BBC News, August 28, 2018; bbc.com/news/world-asia-china-45337860.

第八章

1. Ma Rui and Lu Ying-Ying, "Pinduoduo: From Zero to $23 Billion in Three Years," TechBuzz China by Pandaily, August 9, 2018; pandaily.com/ep-17-pinduoduo-from-zero-to-23b-in-three-years/.

2. Thomas Graziani, "Pinduoduo: A Close Look at the Fastest-Growing E-commerce App in China," *WALKTHECHAT*, August 28, 2018; walkthechat.com/pinduoduo-close-look-fastest-growing-app-china/.
3. Securities and Exchange Commission, Form F-1, Pinduoduo prospectus, June 29, 2018; sec.gov/Archives/edgar/data/1737806/000104746918004833/a2235994zf-1.htm. 2017年，拼多多净亏损约7 950万美元。
4. Erik Schatzker, "Why Blue Orca's Aandahl is Shorting Pinduoduo," Bloomberg Markets and Finance (video), November 14, 2018; youtube.com/watch?v=wtRJY2C-YcY.
5. "E-commerce in China: Trends and Outlook for the Largest E-commerce Market in the World," Forrester, August 10, 2018; forrester.com/report/eCommerce+In +China+Trends+And+Outlook+For+The+Largest+eCommerce+Market+In+The+World/-/E-RES143994#.
6. "China Rich List, 2018: Colin Huang, #12," *Forbes*, April 23, 2019; https://www.forbes.com/profile/colin-huang/#69044eb6d817.
7. Drew Singer and Meghan Genovese, "Pinduoduo to Raise More than $1 Billion in Alibaba Challenge," *Bloomberg*, February 5, 2019; bloomberg.com/news/articles/2019-02-06/china-s-pdd-to-raise-more-than-1-billion-in-alibaba-challenge.
8. Securities and Exchange Commission, Form F-1, Pinduoduo prospectus, June 29, 2018; sec.gov/Archives/edgar/data/1737806/000104746918004833/a2235994zf-1.htm.

第九章

1. Michael Dunne, "Driving the Future of US-China Relations: China's Global Automotive Push," Asia Society Northern California, February 27, 2019; asiasociety.org/video/driving-future-us-china-relations-chinas-global-automotive-push.
2. China Passenger Car Association, broker reports. Accessed February 28, 2019.
3. Luca Pizzuto et al., "How China Will Help Fuel the Revolution in Autonomous Vehicles," McKinsey & Co., January 2019; mckinsey.com/industries/automotive-and-assembly/our-insights/how-china-will-help-fuel-the-revolution-in-autonomous-vehicles?reload.
4. Dana Hull and Peter Blumberg, "Tesla Joins Apple in Trade Secret Cases Tied to Xpeng," *Bloomberg*, March 21, 2019; bloomberg.com/news/articles/2019-03-21/tesla-sues-rival-zoox-claiming-ex-workers-stole-trade-secrets.
5. Trefor Moss, "Chinese Annual Car Sales Slip for First Time in Decades," *Wall Street Journal*, January 14, 2019; wsj.com/articles/chinese-annual-car-sales-slip-for-first-time-in-decades-11547465112.

第十章

1. "China's Industrial and Military Robotics Development," Defense Group Inc., report prepared for the US-China Economic and Security Review Commission, October 2016;

uscc.gov/sites/default/files/Research/DGI_China%27s%20 Industrial%20and%20 Military%20Robotics%20Development.pdf.
2. "Worldwide Spending on Robotics and Drones Forecast to Total $115.7 Billion," International Data Corp., December 4, 2018: idc.com/getdoc.jsp?containerId=prUS44505618.
3. The Global Unicorn Club, CB Insights, March 1, 2019; cbinsights.com/research-unicorn-companies.
4. Worldwide Spending on Robotics Systems and Drones Forecast, December 4, 2018; idc.com/getdoc.jsp?containerId=prUS44505618.